Descubra su Valor como Mujer

CHARLES R. SWINDOLL

WORTHY®
latino

Publicado por Worthy Latino, una división de Worthy Media, Inc., Brentwood, Tennessee 37027.

WorthyLatino.com

DESCUBRA SU VALOR COMO MUJER

ISBN: 978-1-61795-894-6

Título en Inglés: *Releasing Worry and Finding Worth as a Woman* publicado por IFL Publishing, PO Box 5000, Frisco, TX 75034.

Este título está disponible en formato electrónico.

Escritora de capítulos 3, 7 y 8: Sandra Glahn

Escritora de capítulos 4, 5 y 9: Barbara Peil

Escritora de capítulo 10: Luci Swindoll

Editora en Jefe: Cynthia Swindoll

Editora Auxiliar: Amy Snedaker

Editores de Copia: Jim Craft, Melanie Munnell

A menos que se indique lo contrario, todas las citas de la Escritura han sido tomadas de la Biblia de las Américas © 1986, 1995, 1997 por The Lockman Foundation. Usada con permiso.

Las citas de la Escritura marcadas (NTV) son tomadas de la *Santa Biblia, Nueva Traducción Viviente*, NTV, © 2008, 2009 Tyndale House Foundation. Usada con permiso de Tyndale House Publishers, Inc., Wheaton, Illinois 60189. Las citas de la Escritura marcadas (RV60) son tomadas de la versión Reina-Valera © 1960 Sociedades Bíblicas en América Latina; © renovado 1988 Sociedades Bíblicas Unidas. Todos los derechos reservados.

Traductor al Español: Miguel A. Mesías E.

Editor Contextual en Español: Carlos A. Zazueta

Editora de Copia en Español: Carmen Zavala Montgomery

Edición en español por BookCoachLatino.com

15 16 17 18 19 VPI 8 7 6 5 4 3 2 1

Tabla de Contenido

Una Carta del Pastor Swindoll

La Biblia , al igual que la historia, nos hablan de muchas grandes mujeres. Desde la reina Ester hasta Juana de Arco, desde la virgen María hasta Ana Frank, estas mujeres han superado la adversidad y han vivido vidas significativas en tiempos de prueba. Incluso muchos de los grandes hombres que conocemos en la historia atribuyen su éxito a las mujeres en sus vidas: madres, esposas, hijas y hermanas. Por toda la historia marcha una sucesión interminable de mujeres valientes y visionarias, mujeres que sabían quiénes eran y el propósito al que habían sido llamadas. Tristemente, otro grupo de mujeres camina penosamente a lo largo de la misma línea del tiempo, con los hombros hundidos y cabizbajas. Muchas mujeres creyentes batallan por entender y mantener su identidad en Cristo; y eso puede conducirlas a una variedad de dificultades, inclusive hasta una profunda destrucción en muchos aspectos de la vida.

Ahora, antes de que lleguemos demasiado lejos en esto, permítame señalar lo obvio. No soy mujer. Todo paso que he dado, toda mano de ayuda que he ofrecido y todo sermón que he predicado, lo he hecho en mi condición de hombre. Sin embargo, mis años de experiencia al pastorear tanto mujeres como hombres, la crianza de dos encantadoras hijas, mi vida al lado de mi esposa y compañera en el ministerio, Cynthia, y el hecho de ser estudiante de la Biblia, me ha provisto una serie de nociones que pienso le beneficiarán a usted, que es una mujer que procura llevar a la práctica todo lo que Dios ha planeado para su vida.

Usted y yo sabemos que este mundo puede ser un lugar muy hostil para las mujeres. He escogido considerar dos de los mayores retos que enfrentan las mujeres en este día y época: la lucha por mantener una imagen propia saludable y la batalla contra la ansiedad. Lo más probable es que usted ha sentido los efectos de uno o de ambos de estos dos villanos en algún momento en su vida. Tal vez usted se ha sentido desalentada respecto a sí misma recientemente, o tal vez padezca del mal hábito de denigrarse a sí misma. O quizá haya estado almacenando ansiedades que sirven sólo para distraerla de lo que es verdaderamente importante en su vida. ¿Le suena familiar esto? Estos hábitos pueden convertirse en una parte importante de nuestra experiencia diaria al punto de que ya ni lo notamos.

En Visión Para Vivir hemos compilado este libro para contrarrestar el daño que estos dos enemigos pueden hacer en la vida de mujeres creyentes como usted. Los resultados destructivos perturban tanto el campo de la vida práctica, como la fuerza y resolución de su fe cristiana. En forma práctica, los efectos de una baja autoimagen y las actitudes de ansiedad exagerada conducen a muchas mujeres a relaciones personales dañinas, a vivir una vida en una montaña rusa emocional, y a gastar valiosa energía preocupándose por cosas que no pueden controlar.

Estos dos villanos tienen un componente que se arraiga también en nuestra fe. Cuando no entendemos quiénes somos en Cristo, perdemos convicción en cuanto a la verdad de nuestra identidad. Muchos de los mensajes de nuestra cultura han servido para confundir a las mujeres respecto a quiénes deben ser o desear ser, recalcando lecciones que van en contra de la enseñanza cristiana respecto a la belleza, posesiones materiales y el valor inherente que tienen como persona. Con esta confusión viene un sentimiento de que algo les hace falta, una ansiedad por alcanzar por algo más, y una falta de contentamiento incluso con las cosas buenas de la vida.

Sea que usted luche con uno, o con ambos de estos enemigos, sepa lo siguiente: Usted no está sola. Es fácil mirar a otras mujeres a su alrededor y pensar que ellas lo tienen todo resuelto, y que avanzan cómodamente por la vida sin ninguna preocupación. Pero, recuerde, incluso las grandes mujeres de la historia y de la Biblia han tenido que a enfrentar estos enemigos. Lo que las separa de otras mujeres fue que ellas sabían quiénes eran y vivieron a la luz de esas verdades, cualesquiera que fueran las consecuencias.

Es mi más sincero deseo de que al leer este libro usted vea la importancia de arraigar su identidad en su Creador y Salvador Jesucristo. Es mi oración que usted reciba estímulo de las palabras que siguen, y que Dios le conceda su gracia al esforzarse por ser la mujer que dispuso que usted fuera desde el momento que la creó.

Chuck Swindoll

Charles R. Swindoll

Bienvenida a
Descubra su valor como mujer

En un viaje, lo más importante por lo general no es la velocidad sino la *dirección*.

Pero a veces dirigirse en la dirección correcta requiere algo de guía. Piénselo. Usted nunca emprendería un largo viaje por carretera sin primero asegurarse de saber a donde se dirige, ¿verdad? Usted consulta un mapa. Para muchos, la jornada a una relación más profunda y más significativa con Dios se abre por un territorio nuevo y nada familiar. Necesitan dirección; y luego, incluso con direcciones, a veces uno todavía puede perderse. Cuando así sucede, son los nativos de ese lugar los que saben mejor; los que han recorrido esos caminos. Por eso este libro está diseñado para ser completado en conjunto con alguien más. Personas que con sabiduría pueden animarnos en nuestro crecimiento espiritual, y evitarle tropiezos en el camino.

Cómo Usar
Descubra su valor como mujer

Descubra su valor como mujer provee oportunidades para que las personas interactúen con la Biblia en diferentes ambientes, y a diferentes niveles, dependiendo de sus necesidades e interés en particular. Este libro también puede ser una herramienta en manos de pastores y otros líderes cristianos, que les ayudará a guiar a otras mujeres en una jornada de crecimiento espiritual mediante el estudio y aplicación de la Biblia.

Para Estudio Individual

Usted puede usar este recurso como un devocional personal para captar la perspectiva de Dios en algún aspecto en particular de la vida cristiana. Además de ofrecer capítulos interesantes que leer, el libro puede ayudarle a avanzar en su jornada de crecimiento espiritual con la ayuda de preguntas penetrantes y oportunidades para la aplicación personal.

Descubra su valor como mujer también puede servir como un primer paso para sanar o resolver algún asunto que continúa acosándola. Lea, reflexione y conteste las preguntas, y luego converse con alguna persona creyente competente y madura, para hablar del tema que se relacione a su situación personal. Esta persona puede ser una pastora, un consejero, o inclusive alguien de nuestro personal de Visión Para Vivir. (Vea en la página 129 información sobre cómo ponerse en contacto con el ministerio de Visión Para Vivir). Este paso es una parte esencial de la jornada.

Para Pastores y Consejeros

Descubra su valor como mujer está diseñado para guiar a las mujeres en un estudio interesante y profundo de la Palabra de Dios, dándole a usted libertad para aplicar las verdades de manera más específica o personal. Como un primer paso vital en el proceso de consejería, esta guía pone un cimiento sólido, bíblico, teológico y práctico sobre el cual usted puede edificar. Anime a las personas a realizar los ejercicios de este libro por cuenta propia, dándoles el tiempo necesario para la reflexión e instrucción personal, mientras eso le permite a usted enfocarse en el discipulado según las necesidades de esas personas en particular.

Para Estudio en Grupos Pequeños

Descubra su valor como mujer puede servir como material para estudios bíblicos en el hogar, clases de estudio bíblico y grupos de rendición de cuentas o discipulado, ya que contiene suficiente material para la interacción en grupos pequeños respecto a preguntas clave de pasajes selectos. Este recurso también puede promover una interacción significativa entre pastores, personal de la iglesia y otros ministros y dirigentes cristianos.

Sugerencias para el Estudio

Sea que usted use *Descubra su valor como mujer* en un grupo, en una sesión de consejería, en un salón de clases, o para estudio personal, confiamos que resultará ser una guía valiosa en la búsqueda de una intimidad más profunda con Dios y su crecimiento en santidad. En cualquier situación, las siguientes sugerencias harán de este libro una herramienta más provechosa para usted.

- Empiece cada capítulo con una oración, pidiéndole a Dios que le enseñe por medio de Su Palabra, y que abra su corazón al descubrimiento de las verdades bíblicas originado por las preguntas y el texto de la Escritura.

- Subraye cualquier pensamiento, cita, o versículo que sea de impacto para usted. Use las páginas provistas al final de cada sección para anotar cualquier pregunta que pueda tener, especialmente si planea reunirse con otros para conversarlas.

- Tenga su Biblia a la mano. Después de los capítulos 3 y 7 se le pedirá que lea secciones pertinentes de la scritura, y que responda a preguntas relacionadas al tema.

- Al concluir cada capítulo termine con una oración, pidiéndole a Dios que aplique cada verdad aprendida a su vida por medio del Espíritu Santo. ¡Luego obsérve a Dios obrar! Él puede traer a su vida personas o situaciones que serán un reto para mejorar sus actitudes y acciones. Usted puede adquirir una nueva noción en cuanto al mundo o su fe. Tal vez puede hallarse aplicando esta nueva sabiduría de maneras que nunca esperó.

Que la Palabra de Dios ilumine su sendero al empezar su jornada. Confiamos que este recurso será útil para su aprendizaje y su crecimiento espiritual.

Descubra su Valor como Mujer

Capítulo 1

Una Palabra de Aliento de Cynthia Swindoll

¿Qué quieren las mujeres? Libros recientes que han sido éxitos de librería y películas de éxito taquillero han tratado de explorar este tema mirándolo desde todo ángulo, pero pienso que la respuesta más bien es sencilla. Si usted es como yo, quiere saber que su vida realmente le importa a Dios y a otros. Necesitamos saber que se nos valora, que se nos aprecia, que estamos determinadas a lograr hacer una diferencia en nuestro mundo. ¿Acaso no tengo razón?

Pienso que este deseo brota del hecho de que, en lo más profundo de nuestro ser, nos inclinamos a las relaciones personales. A las mujeres nos encanta relacionarnos con otras personas: con otras mujeres, con nuestro esposo, con amigos y amigas, con los demás miembros de nuestra familia, y con nuestra comunidad de fe y sociedad. *Nos **encanta** conectarnos.*

Considere su hogar. No hay nadie que pueda influir más para el bien en sus hijos. En su trabajo, su bondad puede atraer a sus compañeros de trabajo como un imán. Sus amigas se apoyan en usted buscando fortaleza, consejo, aceptación ... y también para pasar un buen tiempo un buen rato. Y, sea obvio o no, su esposo considera su opinión como la más importante del mundo.

Su vida y su influencia pueden ejercer un gran impacto; la amplitud y profundidad de ese impacto en realidad dependen de usted y de Dios. Si leo correctamente Deuteronomio 6:5 – 7, entiendo que Él quiere que tengamos una gran determinación para influir positivamente en nuestro mundo, aprovechando las oportunidades diarias para poner en práctica lo que en verdad creemos. Simplemente lea estos versículos:

> Y amarás a Jehová tu Dios de todo tu corazón, y de toda tu alma, y con todas tus fuerzas. Y estas palabras que yo te mando hoy, estarán sobre tu corazón; y las repetirás a tus hijos, y hablarás de ellas estando en tu casa, y andando por el camino, y al acostarte, y cuando te levantes.

Los versículos que preceden y siguen a este pasaje enseñan con toda claridad que debemos aprovechar el tiempo. Simplemente debemos aprovechar *diligentemente* cada oportunidad que se nos presente para enseñar algún principio, dar una palabra de ánimo, y echar mano del poder capacitador de Dios. Me asombra la forma en que esas palabras se relacionan a las experiencias de nuestro tiempo.

A finales del año de 1960, cuando yo todavía era una joven esposa delgada, asustada y tímida, asistiendo junto con mi esposo al Seminario Teológico de Dallas (y mucho antes de que Bruce Wilkinson escribiera su libro *La oración de Jabes*), estaba preparando un estudio bíblico del Antiguo Testamento cuando encontré la oración de Jabes en 1 Crónicas 4:9-10. Me dejó estupefacta, y quise saber los pormenores en cuanto a si Dios le concedió su petición, o no. Esto es lo que dice este pasaje:

> Y Jabes fue más ilustre que sus hermanos, al cual su madre llamó Jabes, diciendo: Por cuanto lo di a luz en dolor. E invocó Jabes al Dios de Israel, diciendo: ¡Oh, si me dieras bendición, y ensancharas mi territorio, y si tu mano estuviera conmigo, y me libraras de mal, para que no me dañe! Y le otorgó Dios lo que pidió.

A veces pienso que nos concentramos tanto en que Dios ensanche nuestro territorio, que nos olvidamos de las otras tres partes de su oración: que Dios lo bendiga, que la mano de Dios esté con él y que Dios le guarde de mal, a fin de no sufrir daño. Decidí que, en lugar de procurar intensamente comprender cómo Dios había respondido a la oración de Jabes, trataría de entender cómo Dios responde a esta oración cuando la dice *cualquiera* de Sus hijos. Representa el mismo cimiento de Su papel como nuestro Padre celestial. Es verdad que hay muchos, pero muchos aspectos sobre estas peticiones, y de cómo las experimentamos en nuestra propia vida, pero esta en verdad puede ser la oración de cualquier persona, y el que Dios conceda estas peticiones puede ser nuestra propia aventura personal.

La pasión de Jabes nació en medio del dolor, pero en lugar de convertirse en víctima de sus circunstancias, quiso ser pionero en los esfuerzos de ensanchar los límites de su propia existencia. Por consiguiente, aprovechó su desventaja como una oportunidad, y sabía que eso exigiría establecer su asociación con el Dios vivo. La mano de Dios estampó Su firma en el plan, y Jabes realizó sus acciones con honor; más honor que sus propios hermanos que habían experimentado o presenciado el dolor de su madre.

El provecho que usted saque de las oportunidades de hoy le preparará para la misión y el ministerio para los que fue creada. De manera muy similar le ocurrió a Ester, la cual su primo, Mardoqueo, le hizo notar que había llegado su momento y debía aprovechar la oportunidad que se le presentaba. Én Ester 4:14 leemos: "Porque si callas absolutamente en este tiempo, respiro y liberación vendrá de alguna otra parte para los judíos; mas tú y la casa de tu padre pereceréis. ¿Y quién sabe si para esta hora has llegado al reino?" ¿Se da cuenta? Los muchos días y años de preparación, a veces dolorosos, pueden dar como resultado (en el momento menos esperado) algún tipo de intervención divina, "para esta hora".

El provecho que usted saque de las oportunidades de hoy también la preparará para concebir una ambición digna y valiosa. Para Jabes, fue un territorio más grande mientras que la mano de Dios estuviera sobre él. Pienso que Dios le concedió su petición porque él fue más honorable en sus pensamientos y acciones que sus hermanos. Jabes había aprendido, como también Miqueas, que el Señor nos pide que hagamos justicia, que amemos la misericordia y que andemos humildemente delante de nuestro Dios (Miqueas 6:8). Jabes también había aprendido lo que el apóstol Pablo más tarde aprendería y expresaría en su carta a los gálatas:

"No nos cansemos, pues, de hacer bien; porque a su tiempo segaremos, si no desmayamos" (Gálatas 6:9).

El provecho que usted saque de las oportunidades de hoy también revelará sus puntos débiles y la llevará a una comprensión mayor del asombroso poder y suficiencia de Dios. Pablo expresó en 2 Corintios 12:9 cómo él había adquirido esta comprensión:

> Y me ha dicho: Bástate mi gracia; porque mi poder se perfecciona en la debilidad. Por tanto, de buena gana me gloriaré más bien en mis debilidades, para que repose sobre mí el poder de Cristo.

Respecto a esto tengo simplemente que darle una cita de F. B. Meyer que lo dice todo:

> Mi gracia es suficiente, *suficiente* ¡SUFICIENTE! Suficiente cuando los amigos te dejan, y los enemigos te persiguen; suficiente para hacerte fuerte contra una sinagoga furiosa, o una lluvia de piedras; suficiente para las labores corporales excesivas; y suficiente para permitirte que hagas tanto trabajo, aun más que si estuviera el cuerpo enteramente sano—porque mi fuerza es hecha perfecta sólo en medio de las condiciones de debilidad mortal.

> Al estimar la grandeza de la obra de la vida de un hombre, es justo considerar las dificultades bajo las cuales ha obrado. Y cuánto se aumenta nuestra estimación del apóstol, cuando nos acordamos de que sufría de continuo dolores físicos. No obstante

esto, en lugar de sentarse desesperado, y alegar la enfermedad física como su excusa para no hacer nada, osadamente reclamaba la gracia que le estaba ofrecida, e hizo obra más grande, por el poder de Dios que le capacitaba, que lo que podría haber hecho por su propio poder, sino hubiera sido impedido por su propia debilidad.

¡Ah! Hermanos afligidos, vuestras debilidades debían ser contrarrestadas por el poder de Dios; vuestras flaquezas balanceadas por su potencia. No os rindáis ante el matrimonio equivocado, el negocio desagradable, la asociación comercial desafortunada, la debilidad física, la torpeza de lengua, la fealdad de facciones, como si quisieran mutilaros y venceros. La gracia de Dios está a la mano,—suficiente— y más abundante mientras más profunda sea la debilidad humana. Apropiáosla, y aprended que los que esperan en Dios, son más fuertes en su debilidad, que los hijos de los hombres en su mayor salud y vigor.[1]

Eso, en resumen, es la vida cristiana. En todas las experiencias tan dolorosas, a tiempo y fuera de tiempo, en enfermedad, en salud, cuando nos sentimos con ganas y cuando no, cuando nos traicionan, cuando estamos confundidas, nos abrimos paso por todas las capas en búsqueda de la verdad y luego orquestamos nuestras respuestas a las experiencias de la vida andando humildemente ante Dios, practicando la justicia y amando la misericordia. A su debido tiempo y en el momento apropiado, llegaremos a experimentar nuestro llamamiento "para esta hobra".

Jamás en mis sueños más insólitos pudiera haberme imaginado, allá en la década de los sesenta, cuando estudié y elevé como mía la oración de Jabes, cómo Dios respondería estas peticiones y verdaderamente nos bendeciría a mi esposo Chuck y a mí en nuestro ministerio pastoral y el ministerio de Insight for Living. Cuando tenía dieciséis años le entregué mi corazón a Dios, sin reservas al ministerio de la Palabra de Dios y a la gran Comisión. Siete meses más tarde, después de haber salido con Chuck apenas un par de veces, me comprometí en matrimonio (¡demasiado niña!) con éste maravilloso joven de diecinueve años que amaba apasionadamente al Señor Jesucristo. Dios le dio a Chuck el don de ser pastor y maestro; don que yo no poseo. Me dio a mí el don de la administración, y una visión inusual para alcanzar a todo el mundo con la Palabra de Dios, la única verdad que puede hacer libres a los seres humanos. Nuestras fronteras en verdad han incluido a todo el mundo, y mis temores y timidez han sido reemplazados con una mayor comprensión del poder de Dios mediante circunstancias increíbles, repito, increíbles . . . nunca predecibles y que siempre exigen que avancemos por los valles y montañas de la vida. El territorio ensanchado de Jabes abarcó tales valles y montañas. Estoy segura de eso.

Poco después de haber estudiado a Jabes, estudié Filipenses 3:10–11, y estos versículos llegaron a ser para mí los versículos favoritos de mi vida. Me encantan:

A fin de conocerle, y el poder de su resurrección, y la participación de sus padecimientos, llegando a ser semejante a él en su muerte, si en alguna manera llegase a la resurrección de entre los muertos.

Este pensamiento está presente en mi mente todos los días: el mismo poder que levantó a Jesús de los muertos está disponible para cada una de nosotras, *en cada y todo momento de nuestras vidas,* para capacitarnos para ser transformadas en nuestro espíritu y a Su semejanza. ¿Para qué? A fin de que, al poseer la vida eterna, podamos alcanzar la resurrección espiritual y moral que nos levanta de entre los muertos: tanto los no creyentes que están espiritualmente muertos sin Cristo, así también como los creyentes que están muertos en su experiencia. La mayoría de los que están en esta última categoría no tienen ni idea de este poder. Ese es un pensamiento que desconcierta. Si estuviéramos conscientes del poder de Dios en todo momento, mediante una ambición santa, aprobada por Dios, digna, mediante toda acción soberana en nuestras vidas, viviríamos vidas totalmente diferentes. Viviríamos una vida abundante. Nuestro territorio en verdad se ensancharía.

Para continuar en la tradición de mujeres animando a mujeres y para aprovechar al máximo esas oportunidades diarias, Visión Para Vivir le presenta este material de: *Descubra su valor como mujer.* En este volumen enfocamos directamente aquello que las mujeres quieren y necesitan saber . . . pero, incluso aún más importante, lo que *Dios quiere* para nosotras. Esperamos que este recurso le ayude a adquirir una perspectiva bíblica y práctica para todos los diferentes papeles que desempeñamos, y estímulo respecto a cómo profundizar en nuestra relación personal con Cristo. Ha sido escrito específicamente para mujeres. En algunos capítulos, hemos invitado a algunas mujeres sobresalientes y con preparación teológica a nivel de seminario, y mujeres de experiencia en el ministerio, para que se sienten a nuestro lado por un momento, y nos cuenten lo que han aprendido en su andar con Dios. Sé que usted disfrutará de estos breves momentos en su grata compañía.

Para concluir, permítame decirle que mi oración por usted es doble:

Primero, es mi oración que usted sea fortalecida y animada en su fe conforme avanza, para llegar a ser una mujer de la Palabra de Dios. Es mi oración que su vida esté tan saturada con la verdad de Dios, que se derrame en todo aspecto de su vida e influencia, conforme usted capta una nueva comprensión del grandioso e increíble poder de Dios que reside dentro de su persona; independientemente de lo que hayan sido sus circunstancias pasadas, de lo que son ahora, o de lo que serán mañana. No hay limitaciones para el poder milagroso de Dios, según se evidencia al resucitar de los muertos a Su Hijo, el Señor Jesucristo. ¡Increíble! Simplemente piense en su mayor reto y compárelo con ese asombroso poder de Dios. Si Dios puede levantar a alguien de los muertos (y puede, y lo hizo), entonces con toda certeza puede levantarla a usted de cualesquiera que sean sus circunstancias. Este pensamiento aumentará su fuerza y le dará un estímulo increíble.

En segundo lugar, es mi oración que usted llegue a ser una mujer de gran visión; en verdad, algo que forje en realidad una visión por una ambición digna y valiosa.

He aprendido que Dios considera de inmensa importancia el esparcimiento de la Palabra de Dios, y que Él usará a toda hija suya dispuesta y obediente para proclamar esa palabra y su aplicación a cualquier cultura debajo del sol, pero no sin muchas experiencias variadas en la vida, y a menudo dolorosas. La propagación de la Palabra de Dios por medio de la radio incluye luchas constantes. Nada sale jamás tan perfectamente como uno lo planeó. Debo añadir que pastorear iglesias es igualmente un trabajo complejo, y simplemente de algo nunca acabar.

Parte de la clave para avanzar por los valles y montañas de la visión que Dios le ha dado a usted como mujer se encuentra en 1 Crónicas 4:9, en donde aprendemos que mediante las experiencias dolorosas de su vida, que Jabes fue más honorable que sus hermanos. ¿No quisiera usted que supiéramos todo lo que esto representaba en las vidas de los demás miembros de la familia del mismo Jabes? Este silencio en el texto, sin embargo, es elocuente porque nosotras, también experimentamos las respuestas de Dios a esta oración a menudo en silencio, ignoradas y sin que nadie nos reconozca. Es nuestra propia aventura personal; y la visión que Dios forja en nuestros corazones de enseñar Su verdad en nuestros hogares y familias tanto como en los más apartados rincones del globo.

Deseo fervientemente que todas nosotras aprendamos a enfrentar los muchos cambios y retos de la vida con grandes sueños en cuanto a lo que Dios puede hacer y hará por medio de nosotras. El mundo se asombra cuando ve a mujeres confiadas en su fe y en el Señor, mujeres dispuestas a dar *todo* de su potencial para Él.

Me gusta como mi esposo lo describe: "La visión surge de la fe, se sostiene en la esperanza, se atiza con la imaginación y se fortalece con el entusiasmo. Es mayor que la vista, y más profunda que un sueño".

Me permite preguntarle: ¿qué está usted dispuesta a dejar que Dios haga por medio de usted que esté más allá de sus sueños más insólitos?

La vida no es un problema para solucionar; es una aventura para vivir. Esa es su naturaleza, y lo ha sido desde el principio cuando Dios establece la etapa peligrosa para este arriesgado drama y que toda la empresa dice que es *buena*. Él arregla el mundo de tal modo que sólo funciona cuando abrazamos el *riesgo* como tema de nuestras vidas; lo que significa sólo cuando vivimos por fe. Un hombre [o una mujer] simplemente no puede ser feliz hasta que tenga aventura en su trabajo, en su amor y en su vida espiritual.[2]

"No pidas lo que el mundo necesita. Pide lo que te hace vivir y hazlo, porque lo que el mundo necesita es gente que haya vivido".[3]

Damas, cobremos ánimo y avancemos. Como siempre, mi esposo y yo deseamos para usted las mejores bendiciones al descubrir esa visión aprobada por Dios, y aprender a abrazar Su poder milagroso para llevarla a la práctica. Que este volumen le estimule en esa jornada.

Cynthia Swindoll

Cynthia Swindoll
Presidenta y Directora Ejecutiva
Insight for Living

¿Qué es lo que viene del Señor y que es imposible que los humanos fabriquen? La sabiduría. ¿Y qué es lo que trae la sabiduría y disipa la ansiedad? La adoración. No permita que nada le distraiga de su tiempo personal de adoración. No permita que nada le asuste . . . nada del pasado del ayer, del presente del hoy, o del futuro del mañana. Nada.

—Charles R. Swindoll

Capítulo 2

La Mujer y Su Valía en Cristo

Como ya mencioné anteriormente, estudio y enseño la Biblia, y no pretendo ser autoridad en cuanto a la mujer. Soy un marido felizmente casado con una misma esposa, con la cual me siento firmemente respaldado y profundamente amado, y soy padre de dos hijas encantadoras. Mi exposición a los problemas que las mujeres enfrentan ha sido limitado, pero mis ojos no han estado cerrados a las cosas que he observado, experimentado, oído y leído durante décadas de ministerio. En términos de cómo se ha tratado a las mujeres, veo errores que hay que corregir y algunos derechos que ya hace mucho debían haber sido declarados cuando vemos los asuntos desde una perspectiva adecuada. Tengo un mensaje principal que comunicar porque es muy claro que es necesario proclamarlo; y, debido a que la Palabra de Dios, la Biblia, lo presenta tan obviamente, puedo escribir al respecto con convicción. Es esto, dicho de manera clara y sencilla: *las mujeres son personas de valía y dignidad.*

Sinceramente espero que esas ocho palabras broten con toda claridad conforme usted avanza por este capítulo y el siguiente. Si usted es una mujer que duda de su valía o encuentra que necesita afirmación, estas páginas son para usted.

Humildad versus Baja Autoestima

La autoestima se puede definir como la confianza y satisfacción en quiénes somos, sabiendo cómo Dios nos ve y lo que ha hecho por nosotros. Tristemente, muchas mujeres, incluso mujeres consagradas y que siguen al Señor Jesucristo, tienen una autoestima muy baja; tienen una noción demasiado baja de sí mismas. Me refiero a aquel retrato interno que refleja cómo nos sentimos en realidad respecto a nosotros mismos. Ese cuadro ha sido pintado pincelada a pincelada durante toda nuestra vida. Los primeros rasgos que hicieron nuestros padres y familia son significativos de manera especial, porque proveen el trasfondo para el resto de nuestras vidas.

El concepto que tenemos de nosotros mismos influye no solamente en cómo nos sentimos respecto a nosotros mismos, sino también en nuestra confianza social. Cuando las personas se sienten indignas o que no merecen cariño, a menudo actúan de maneras que hacen que otros los consideren así. Cuando alguien se siente digno, tenderá a vivir a la altura de esa imagen. Como nuestras profecías autocumplidas, tendemos a comportarnos de maneras que confirman la opinión que tenemos de nosotros mismos. Afortunadamente es posible realinear nuestros pensamientos en cuanto a nosotros mismos a fin de vernos como Dios nos ve. Esto tiene lugar dentro del contexto de las relaciones personales–con Dios y con la gente.

A veces el tema de la autoestima hace que los cristianos se sientan incómodos. La Biblia recalca la humildad, y nosotros hemos concluido erróneamente que el reconocimiento de cualquier valía o dignidad en nuestra persona es señal de orgullo.

Es cierto que la Biblia nos enseña a ser humildes:

"Humillaos delante del Señor, y él os exaltará" (Santiago 4:10).

"En fin, ...Sean bondadosos y humildes" (1 Pedro 3:8. DHH).

"Igualmente, jóvenes, estad sujetos a los ancianos; y todos, sumisos unos a otros, revestíos de humildad; porque:
  Dios resiste a los soberbios,
  Y da gracia a los humildes" (1 Pedro 5:5–6).

Pero, ¿qué quiere decir exactamente *humildad*? Considere las palabras del apóstol Pablo:

"Digo, pues, por la gracia que me es dada, a cada cual que está entre vosotros, que no tenga más alto concepto de sí que el que debe tener, sino que piense de sí con cordura, conforme a la medida de fe que Dios repartió a cada uno" (Romanos 12:3).

Aquí Pablo les dice a los creyentes que no tengan de sí mismos un concepto más alto del que deben tener, porque eso es orgullo, y eso es lo opuesto a la humildad. En contraste, debemos pensar de nosotros mismos "con cordura", de acuerdo a la medida de fe que Dios nos ha dado. Esto quiere decir que debemos vernos como Dios nos ve, en lugar de bien sea denigrarnos nosotros mismos, o exaltarnos nosotros mismos.

Es igual de malo decir que valemos menos de lo que Dios dice de nosotros, como lo es decir que valemos más de lo que Dios dice. Ni una ni otra noción concuerda con lo que Dios dice. El orgullo tiene lugar cuando mental o exteriormente nos exaltamos por encima de otros. ¿Se compara usted mismo con alguna otra persona y se siente menos, o se compara con otra y se siente más? El resultado es humillación u orgullo. La verdadera humildad está desprovista de tales comparaciones. Muchos piensan que tener un espíritu humilde quiere decir tener un concepto muy bajo de la valía de uno. Sin embargo, cuando nos denigramos nosotros mismos, en realidad estamos diciendo: "Yo sé más en cuanto a mi verdadero valor que lo que Dios sabe". A fin de cuentas, ¡eso también es orgullo!

Adquirir una comprensión acertada de nosotros mismos quiere decir que medimos nuestra valía reemplazando las comparaciones humanas con la forma en que Dios nos evalúa. ¿Quiénes dice Dios que somos? La mujer que ha puesto su fe en Jesucristo es una hija adoptiva de Dios. ¿Ha captado usted la posición que tiene en la familia de Dios? ¡Es esencial! Al experimentar la aceptación incondicional de Dios, y el saber qué tanto Él la valora, usted puede adquirir valor para abrirse tanto a Él como a otros (Salmos 139; Mateo 10:29–31).

Dios la Hizo con Dignidad y para un Propósito

En su excelente libro *La Sensación de Ser Alguien*, Maurice Wagner bosqueja los tres pilares del autoconcepto como sigue: aceptación, dignidad e idoneidad.[1] Una baja autoimagen tiene que ver con alguna falta en uno o más de estos aspectos.

Al considerar esto, el Dr. Wagner dirige nuestra atención a Efesios 1:3–8, 11–14, que dice:

> Bendito sea el Dios y Padre de nuestro Señor Jesucristo, que nos bendijo con toda bendición espiritual en los lugares celestiales en Cristo, según nos escogió en él antes de la fundación del mundo, para que fuésemos santos y sin mancha delante de él, en amor habiéndonos predestinado para ser adoptados hijos suyos por medio de Jesucristo, según el puro afecto de su voluntad, para alabanza de la gloria de su gracia, con la cual nos hizo aceptos en el Amado, en quien tenemos redención por su sangre, el perdón de pecados según las riquezas de su gracia, que hizo sobreabundar para con nosotros en toda sabiduría e inteligencia, . . . En él asimismo tuvimos herencia, habiendo sido predestinados conforme al propósito del que hace todas las cosas según el designio de su voluntad, a fin de que seamos para alabanza de su gloria, nosotros los que primeramente esperábamos en Cristo. En él también vosotros, habiendo oído la palabra de verdad, el evangelio de vuestra

salvación, y habiendo creído en él, fuisteis sellados con el Espíritu Santo de la promesa, que es las arras de nuestra herencia hasta la redención de la posesión adquirida, para alabanza de su gloria.

El Dr. Wagner demostró partiendo de este pasaje cómo nuestra relación con Dios provee tres áreas necesarias para tener una autoestima saludable. Cada una de las tres personas de la Trinidad están conectadas a nuestras necesidades específicas, y la forma en que cada una de ellas suple para nosotros.

1. En relación con el Padre, se nos recuerda nuestro sentido absoluto de aceptación, pues nos ha adoptado en su familia como uno de sus hijos. (Aun cuando el texto se dirige a hombres y mujeres, Pablo dice "adoptados [como] hijos suyos" porque en su tiempo los hijos recibían una mejor herencia que las hijas. El punto no es el género; ¡el punto son los beneficios abundantes de la herencia del Padre!).

2. En Cristo tenemos un sentido absoluto de dignidad. Somos alguien para el Hijo porque Él personalmente murió por nosotros. Nadie le quitó la vida. Él la entregó por nosotros porque quería hacerlo. "Recibimos el perdón [de Dios] y nos consideramos justos debido a su gracia. . . . Podemos considerarnos sin culpa. Esta es la base para un sentido verdadero de valía personal".[2]

3. En el Espíritu Santo tenemos un sentido absoluto de idoneidad. En Él somos alguien porque está con nosotros y en nosotros dirigiendo todas las situaciones de nuestra vida. Es Dios mismo atendiéndonos y ministrándonos en las relaciones personales y

problemas de la vida cotidiana. El Espíritu de Dios también nos sella, proveyendo así seguridad en la familia de Dios.[3]

Los seres humanos valen más que el mundo entero debido a la sangre de Jesús. También Dios nos considera preciosos porque nos ha adoptado como hijos. De hecho, como creyente en Cristo usted pertenece dos veces a la familia celestial. Primero, su Creador la hizo como su posesión personal. Luego, usted fue comprada del mercado de esclavos del pecado y adoptada, escogida por el Padre. Ahora, el Espíritu Santo le asegura su competencia al fortalecerla para vivir una vida consagrada y cumplir los propósitos de Dios para usted.

Dios Valora a las Mujeres

A pesar de las maravillosas verdades que acabamos de explorar, muchas mujeres tienen sentimientos de baja autoestima. No es sorpresa cuando se considera cuánto se ha difamado a las mujeres:

Nunca le creas a una mujer, aunque esté muerta. (Antiguo proverbio alemán)

La mujer es una calamidad, pero toda casa debe tener su propia maldición. (Refrán persa)

A las esposas hay que mantenerlas descalzas en el verano y encinta en el invierno. (Antigua filosofía pueblerina)

Aun cuando algunos mensajes anti-mujer son sutiles, muchos son abiertos e insultantes. Añádase a eso los mensajes conflictivos en cuanto a la mujer ideal. Dos extremos han abordado la nave de la sociedad actual. Un extremo dice que la verdadera feminidad significa ser pasiva y tranquilizadora del hombre. En el extremo opuesto está la feminista radical que aplaude la dominación femenina. Ambas aducen proclamar una filosofía que funciona, que ofrece respuestas a las mujeres que se hallan en algún punto entre olvidadas o echando chispas. No es de extrañarse que cada vez más mujeres estén confundidas; o carcomidas en vida por el estrés de las voces y demandas que compiten en su cabeza.

Tal vez es a estas alturas que debamos pasar tiempo en la Palabra de Dios. Si la Biblia no presenta un cuadro extremo de las mujeres, ¿qué cuadro nos provee?

Decidí responder a esa pregunta ya hace algún tiempo, con lápiz y papel a mano. Recorrí las páginas de la Biblia, y eché un cuidadoso vistazo a muchas de las mujeres que se mencionan allí. Para cuando llegué a las páginas finales, me aturdió un pensamiento sobresaliente. Excepto en unas cuantas ocasiones aisladas, las mujeres que aparecen en la Biblia son competentes, seguras, personas calificadas con papeles responsables que cumplir. Al vivir en la práctica con su sentido de valía y propósito, estas mujeres desempeñaron una parte vital para forjar la historia y en el desarrollo de las vidas. Son hermosos ejemplos de humanidad en cada nivel económico de la sociedad.

Permítame mencionarle algunos de los ejemplos que encontré. Descubrí tantas que por razón de espacio tengo que limitarme al Nuevo Testamento, y apenas a unos pocos de los casos más prominentes.

- María y Marta eran buenas amigas de Jesús (Lucas 10:38–39).
- María ungió a Jesús antes de Su muerte (Juan 12:3).
- Muchas mujeres lamentaron la crucifixión de Jesús (Lucas 23:27–31; Juan 19:25).
- Fueron mujeres las que visitaron la tumba de Jesús la mañana de la resurrección (Lucas 23:55–24:1).
- Dorcas "abundaba en buenas obras y en limosnas que hacía" y era muy bien conocida en la comunidad (Hechos 9:36).
- La iglesia se reunió en la casa de María para orar por Pedro (Hechos 12:12).
- Las mujeres se reunieron para la adoración en Filipos, y fueron las primeras en creer allí (Hechos 16:13).
- Lidia era una exitosa mujer de negocios, que se convirtió en creyente y convenció a Pablo y a sus colegas que se reunieran en su casa (Hechos 16:14–15).
- En Tesalónica, "mujeres nobles no pocas" respondieron a la enseñanza de Pablo y Silas (Hechos 17:4).
- En Berea, "creyeron muchos de ellos, y mujeres griegas de distinción" (Hechos 17:12).
- En Atenas, algunos creyeron, incluyendo una mujer llamada Dámaris (Hechos 17:34).
- Aquila y su esposa, Priscila, se mencionan a menudo (Hechos 18:2, 18).
- Tanto Aquila como Priscila ayudaron a afinar la teología de Apolos (Hechos 18:26).
- Pablo llamó "colaboradores" a Aquila y a su esposa, Priscila (Romanos 16:3).

- Pablo mencionó a Febe como "diaconisa de la iglesia . . . que "ha ayudado a muchos, y a mí mismo" (Romanos 16:1-2).

- "Los de Cloé" informaron a Pablo respecto a un problema en Corinto (1 Corintios 1:11).

- A las mujeres mayores se les instruye que "enseñen" a las mujeres más jóvenes (Tito 2:4).

- En la Carta a Filemón, Pablo llamó "hermana" a Apia (Filemón 1:2).

- La Segunda Carta de Juan está dirigida "a la señora elegida" (2 Juan 1:1).

Incluso en esta lista limitada, se pueden ver numerosos relatos de mujeres con propósito que ocuparon lugares y papeles de importancia estratégica. Esto subraya el hecho de que Dios nunca tuvo la intención de que las mujeres se sintieran inferiores o vivieran con temor bajo alguna nube pesada de dominación injusta. De hecho, en el mismo Génesis Dios hizo a una mujer para que ejerciera con gobierno en asociación con el hombre. De ninguna manera, y en ninguna parte de la Biblia, se ve a la mujer como una persona que carece de valía, dignidad, o competencia debido a su género. Vuelva a leer la lista y decida por usted misma.

Tal vez haya notado una implicación un tanto audaz en mis comentarios. La palabra es *equilibrio*. En mi opinión esta es una de las marcas más claras de madurez que la mujer cristiana puede demostrar hoy . . . viviendo separada de cualquiera de los extremos, y plenamente viva; funcionando a su máxima capacidad; libre para ser lo que ella es y cumpliendo el propósito de Dios para ella. Si está casada, no se intimida por ser una ayuda y un estímulo para su esposo. Tiene unas pocas frustraciones (¡aparte de las que son normales para toda la humanidad!) conectadas con su papel en la vida o sus contribuciones al mundo, lo que por cierto es más amplio que la cerca que rodea su lugar de residencia.

Dios creó a cada mujer con una combinación única de temperamento, intereses, capacidades y estilo, que forma la base de la relación personal con Él y con otras personas. Usted está incluida en esa lista; y nadie puede tomar su lugar. Dios la diseñó para que sea una persona única, distinta, significativa, diferente de todo otro individuo en la faz de la tierra en toda la vasta extensión del tiempo. En su caso, como en el caso de cualquier otro ser humano, el molde fue roto, para nunca jamás usarlo otra vez.

Conclusión

Así que permítame resumir todo eso. Dios la hizo a Su imagen. Usted vale lo que el Hijo de Dios pagó por usted. Usted fue adoptada por el Rey del universo y heredará bendiciones abundantes. Encima de todo eso, Dios la hizo para Sus propios propósitos divinos, para que haga buenas obras (Efesios 2:10).

Amiga mía, es esencial que usted crea las verdades que ha leído en estas páginas. Crea en esta declaración, aun cuando tal vez no la oiga de los que viven con usted en la misma casa: Usted es una persona de valía y dignidad. La palabra es *valiosa.*

¿Se da cuenta de quién *es* usted? ¿Lo cree? ¿Va a vivir de acuerdo a eso?

Señoras y señoritas: ¿Están convencidas de su valía a los ojos de Dios? El Libro de Dios hace un gran trabajo para eclipsar las mentiras, la falta de visión y la falta de elogios que en nuestra cultura a menudo se dan por sentado. ¿Necesita usted un buen capítulo para leer? Pruebe Proverbios 31.

¿Por qué no probar esto? Lea Proverbios 31 todos los días con la mirada puesta en la confianza que Dios pone en usted. Vea como un reto los rasgos de carácter que se encuentran dentro de estos 31 versículos: industriosidad, visión, una independencia balanceada, sabiduría, confianza, clase, dignidad, logros, y una actitud mental positiva. ¿Puede encontrar cada una de estas características en estos versículos? Le reto a seleccionar una, y apropiarse de ella para Dios. Por medio de Su gracia, pídale a Dios que haga eso una realidad en su vida este año.

Fuerza y honor son su vestidura;

Y se ríe de lo por venir. (Proverbios 31:25)

Engañosa es la gracia, y vana la hermosura;

La mujer que teme a Jehová, ésa será alabada. (Proverbios 31:30)

—Charles R. Swindoll

Capítulo 3

Usted Es una Mujer que Vale

Usted Está Aquí

Una joven estudiante, en su primer día de clases en el seminario, oía al profesor exponer Génesis 1, en donde el texto bíblico dice: "Y creó Dios al hombre a su imagen, a imagen de Dios lo creó; varón y hembra los creó" (Génesis 1:27). Desde su pupitre en la primera fila, la joven levantó la mano, y dijo: "Pero, eso suena como que la mujer también fue hecha a imagen de Dios".

El profesor, algo confundido, dijo: "Sí . . ."

La estudiante frunció el ceño. "Pero, yo pensaba que solamente los hombres fueron hechos a imagen de Dios; y que las mujeres fueron hechas para ayudar a los hombres".

El profesor hizo una pausa antes de responderle. "No. Aunque es cierto que la mujer fue hecha para ayudar al que necesitaba ayuda, eso no tiene nada que ver con ser creada con más o con menos imagen de Dios. Tanto el hombre como la mujer fueron creados plenamente a la imagen de Dios".

La estudiante parpadeó. Luego parpadeó más fuerte, luchando por contener las lágrimas. "¿Quiere decir que no tengo que *casarme* para ser plenamente a imagen de Dios?"

"Sí. Sí, así es precisamente".

La voz de la joven creció en confianza. "Y, ¿no tengo que tener *hijos* antes de reflejar por completo la imagen de Dios?"

El profesor, mirándola directo a los ojos, le dijo: "Sí. Eso es exactamente lo que el texto dice. Usted fue hecha a imagen de Dios, y para ser plenamente a la imagen de Dios, no tiene que casarse, ni tener hijos, ni hacer ninguna otra cosa".

Cuatro años más tarde aquella estudiante todavía no "se había repuesto" del entusiasmo de saber la verdad en cuanto a sí misma.

Aquella seminarista había vivido la mayor parte de su vida bajo una presuposición defectuosa. Su lucha para entender su verdadero valor como mujer no es raro. El psicólogo y autor James Dobson escribió acerca una encuesta que hizo y que dio a conocer resultados preocupantes:

> Aunque nos parezca increíble, la baja autoestima fue señalada como el problema más grave que afecta a las mujeres que respondieron la encuesta. Más del 50% de las mismas, la colocaron en el primer lugar de la lista, y casi el 80% la señaló entre los primeros cinco lugares. Este resultado coincide totalmente con mis propias investigaciones y expectativas al respecto. . . .

La baja autoestima, el complejo de inferioridad y la falta de confianza en sí mismas, incluso en mujeres saludables y felizmente casadas están arraigadas en lo más profundo de la personalidad. Con mucha frecuencia, después de cinco minutos transcurridos durante una sesión de consulta con un especialista, estos problemas hacen su aparición. Sentimientos de inutilidad, en todas las esferas, subvaloración de las potencialidades personales, son todo un estilo de vida, o mejor aún, un constante estado de desesperación para millones de mujeres en Norteamérica.

Pero, ¿cuál es el significado de la depresión? ¿De dónde surge esta arraigada sensación de inadaptación? Quizás yo pueda expresar los conflictos y ansiedades que bullen en una mente insegura. En una tranquila tarde, una mujer se halla sola en su casa y comienza a sentir pensamientos de angustia, sin motivo aparente: "¿Por qué no suena el teléfono casi nunca? Es que ya soy incapaz de hacer nuevas amistades, y sobre todo, de alguna que valga la pena. Necesito tanto a una persona con quien desahogar mis penas, porque con mi marido no hay forma de hacerlo. Pero ¿dónde se encuentra esa persona?". Esta mujer piensa que si los demás la conocieran verdaderamente, la estimarían, pero se siente aterrada cuando cree que ha hecho el papel de tonta delante de sus amistades, o en su propia casa. Es muy desdichada al imaginarse que otras personas poseen más talento y habilidades que ella. Se contempla a sí misma como una mujer sin atractivos, sin personalidad y totalmente incapaz de hacer algo bien hecho. Está constantemente insatisfecha consigo misma, y le encantaría ser otra persona. [1]

Claramente, la autoestima, la aceptación propia y la valía personal son asuntos fundamentales que afectan la vida de una mujer. Estas cualidades distintas, y sin embargo entrelazadas, afectan casi toda actitud e impulsan casi toda decisión.

¿Qué influencias externas ejercen el mayor impacto en la opinión que tiene de usted misma como mujer? ¿Qué pensamientos internos le impiden creer en su valía?

_____

_____

_____

¿Qué experiencias de la vida le han hecho sentirse inadecuada o avergonzada?

_____

_____

_____

Las Ecuaciones Erroneas

La mujer de hoy es bombardeada con una "matemática defectuosa" en lo que tiene que ver con su valía personal y autoestima. El problema es que ninguna ecuación erronea funciona. Una de tales ecuaciones es *Apariencia + Admiración = Una Persona Completa*. Esto no funciona porque no equivalemos a la suma total de cómo es nuestra apariencia más lo que otros piensan de nosotras con admiración.

Otra de tales ecuaciones que no funciona es *Actuación + Realizaciones = Una Persona Completa*. Somos más que la suma total de las habilidades y capacidades reconocidas que hemos desarrollado.

Una tercera ecuación sería *Posición + Reconocimiento = Una Persona Completa*. Esta ecuación también es erronea, porque somos mucho más que la opinión que otros tengan nosotras.[2]

Ninguna de estas ecuaciones puede satisfacer con algún efecto duradero nuestra necesidad de aceptación, dignidad e idoneidad. La apariencia, la actuación y la posición social son "peones" de las circunstancias, ninguna de las cuales viene con alguna garantía. Buscar en ellas valía personal es un pensamiento defectuoso.

¿De qué manera las ecuaciones que se describen arriba han influido en el concepto que usted tiene de sí misma? ¿Qué es lo que usted tiende a utilizar para evaluarse a sí misma? ¿Para evaluar a otros?

_____

_____

_____

_____

El concepto que tenemos de nosotros mismos puede reflejar acertadamente nuestro yo real, o puede ser incongruente con nuestro yo real. El *concepto de uno mismo* "es lo que la persona piensa que es, o se imagina ser, o siente que es".[3] El concepto personal que alguien tiene de sí mismo puede basarse en la realidad o tal vez no. Una mujer puede tener una preciosa voz para cantar, y la gente tal vez la elogie. Y sin embargo ella puede pensar que no puede cantar bien y marginar los comentarios de los demás. Por otro lado, una madre impositiva puede jactarse de ser una buena madre, pero sus hijos la ven por lo que realmente es: controladora y egoísta.

¿Cómo responde usted a los elogios? ¿Se halla a sí misma necesitando desesperadamente la aprobación de otros y rechazando los comentarios positivos? ¿Ambas cosas?

_____

_____

_____

_____

Mientras usted crecía, ¿de qué manera su familia recibía las palabras de estímulo y la afirmación? ¿Oía usted mayormente palabras positivas o más críticas, comparaciones negativas y afirmaciones condenatorias?

_____

_____

_____

_____

Si basara el concepto que usted tiene de sí misma enteramente en las palabras de otras personas o en la cara que le ponen, describa la persona que vería.

_____

_____

_____

¿Cómo percibe usted lo que Dios es? ¿Cómo piensa que Dios la percibe a usted?

_____

_____

_____

_____

La verdadera identidad de una persona surge al saber quién es; lo que tiene que ver con a quién le pertenece. Y unida a esa idea está su valía. Encontramos nuestra identidad al saber que Dios nos hizo a Su imagen, y hallamos nuestra valía al saber el precio que Él pagó por nosotras. Estas verdades son la fuente verdadera de nuestra autoestima.

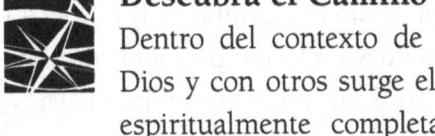

Descubra el Camino

Dentro del contexto de la relación personal con Dios y con otros surge el "yo" maduro: la persona espiritualmente completa. El proceso de crecer en Cristo incluye ajustar el concepto personal de acuerdo a nuestra identidad en Cristo y en llegar a ser la persona que Dios quiere que seamos.

La Ecuación Correcta

La única ecuación que verdaderamente funciona es *Dios + Yo = Una Persona Completa*. En otras palabras

> Mi sentido de aceptación es asegurado y reafirmado por mi amor hacia Dios mi Padre y validado por Su amor hacia mí. Mi sentido de dignidad personal es asegurado y reafirmado por mi amor hacia Cristo Jesús, su Hijo, y validado por Su amor hacia mí. Mi idoneidad es asegurada y ratificada en las situaciones diarias de la vida a través del ministerio y amor del Espíritu Santo, quien usa la Palabra de Dios para instruirme, corregirme y reafirmarme. Valido mi idoneidad viviendo de acuerdo con la Palabra de Dios.[4]

Nuestra identidad en Cristo es nuestra posición espiritual como resultado de que Dios nos justifica, redime y reconcilia consigo mismo mediante la obra salvadora de Cristo por nosotros. (Ver más información en cuanto a estos conceptos en la sección "Como Empezar una Relación Personal con Dios" más adelante en este libro). Nuestro "viejo yo" fue crucificado con Cristo en la cruz (Romanos 6:6). Dios nos ha hecho "nuevas criaturas" en Cristo (2 Corintios 5:17). Nuestra nueva identidad ofrece una nueva relación personal con Dios como nuestro Padre y con otros creyentes en el reino de Dios.

La Biblia nos enseña cómo hacer una evaluación verdadera en cuanto a nosotros mismos. Desde el principio en Génesis 1:27 leemos: "Y creó Dios al hombre a su imagen,

a imagen de Dios lo creó; varón y hembra los creó". ¿Qué le dice esto en cuanto a su persona?

_____

_____

_____

_____

De acuerdo a Génesis, todos los seres humanos tienen valía porque fueron creados "a imagen de Dios" (Génesis 1:27). Moldeados por la mano de Dios en el vientre de nuestra madre (Salmos 139:13–14), reflejamos la gloria de nuestro Creador al emularlo:

- Racionalmente—razonamos, percibimos y producimos.

- Emocionalmente—tenemos sentimientos.

- Volitivamente—tenemos voluntad.

- Físicamente—incluso nuestros cuerpos corruptibles serán cambiados para reflejar Su gloria eterna.

Si usted es creyente en Cristo, ¿quién dice Dios que usted es, de acuerdo a Efesios 1:5?

_____

_____

_____

_____

_____

¿Conoce usted a alguna familiaque ha adoptado a un hijo o hija? Tal vez usted sea un padre o madre adoptivos. O tal vez sus padres le adoptaron. Donald Regier, autor de *The Long Ride* (*El Largo Viaje*), describe lo que es leer versículos bíblicos en cuanto a la adopción ahora que es un padre adoptivo. "La doctrina bíblica de la adopción ha cobrado vida para mí", dice. "Ya no la veo como un dogma en un libro empolvado. Ahora la veo como un gozoso artículo de fe y vida. He empezado a entender esta gran verdad desde la perspectiva de Dios, porque alguien que antes era huérfano ahora me llama 'Papí.'"[5] Elegido. Recibiendo un nuevo nombre. Gozando del cuidado. Concedida una herencia. Los relatos de adopción están llenos de tales palabras y frases, ¿verdad? Añádase a esto la frase de un hijo diciendo: "Papí, sé que me quieres", y un padre describiendo su "sueño hecho realidad". En los relatos de adopción humana captamos un vislumbre de lo que es la adopción espiritual.

La verdad de Dios respecto a nosotros puede guiar nuestros pensamientos, emociones y acciones. ¿Qué le dice cada uno de los versículos que siguen en cuanto a quién es usted y lo que le ha sido dado en Cristo?

Juan 1:12 _____

_____

Juan 15:13–15 _____

_____

Romanos 3:24 _____

_____

Romanos 5:1–2, 17 _____

_____

Romanos 6:14 _____

_____

Romanos 8:1 _____

_____

Romanos 8:15–17 _____

_____

Romanos 8:35–39 _____

_____

Romanos 12:5 _____

_____

2 Corintios 1:22 _____

_____

2 Corintios 5:18–20 _____

_____

Gálatas 4:6–7 _____

_____

Gálatas 5:1 _____

_____

_____

Efesios 1:5, 18 _____

_____

Efesios 2:1, 8, 10 _____

_____

Efesios 2:13, 19 _____

_____

Filipenses 3:20 _____

_____

Tito 3:5 _____

_____

Hebreos 4:16 _____

_____

1 Juan 2:2 _____

_____

Adquirir una comprensión adecuada de nosotros mismos significa medir nuestra valía personal reemplazando el razonamiento humano con la evaluación que Dios hace de nosotros. Tenemos valía porque Dios nos ha encargado una tarea digna: gobernar la tierra, cuidarla como sus representantes (véase Génesis 1:28–30). Y tenemos valía porque Dios nos ama. Él demostró Su amor al enviar a Su Hijo a morir por nosotros como expiación por nuestros pecados (véase Romanos 5:8). Nosotros fuimos hechos a imagen de Dios; en contraste, Jesús es "la imagen del Dios invisible"

(Colosenses 1:15). El sacrificio propio de Dios por medio de Su Hijo es la expresión máxima de nuestro valor para Él. Debido a que somos pecadores, somos indignos de Su favor. Sin embargo, ningún ser humano carece de valor para Dios.

Humildad contra Baja Autoestima

Por décadas los psicólogos seculares han dado por sentado que la baja autoestima produce una conducta pobre. Así que, intentando elevar la autoestima, los asesores a menudo aconsejan a sus clientes que "se encuentren a sí mismos, se amen a sí mismos, que sean honestos consigo mismos, que cultiven su "yo" interior, y que hagan lo mejor para sí mismos". A la gente se le dice que satisfaga cualquier cosa que su "yo" requiera y que evite situaciones que pudieran lastimar al "yo". Pero los que tienen pensamientos negativos en cuanto a sí mismos ya están exageradamente preocupados consigo mismos. Los métodos populares de elevar la autoestima sólo intensifican el enfoque centrado en uno mismo, lanzando a las personas a un esfuerzo interminable para sentirse bien en cuanto a sí mismos; a menudo con los siguientes resultados negativos:

- Conducta egoísta aumentada.

- Relaciones personales dañadas.

- Percepción inflada de las capacidades.

- Resistencia a admitir el pecado o permitir sentimientos de culpabilidad.

La Biblia presenta a la humanidad como esencialmente depravada, preocupada consigo misma y enfocada en sí misma: "cada cual se apartó por su camino" (Isaías 53:6). Así que, en lugar de enseñar a las personas cómo amarse a sí mismas, la Biblia enseña que hay que contener el amor a uno mismo. Jesús dijo: "Si alguno quiere venir en pos de mí, niéguese a sí mismo, y tome su cruz, y sígame" (Marcos 8:34). El camino de Cristo es la negación de uno mismo, y no el enfoque en uno mismo. El blanco de la negación de nosotros mismos es cualquier parte de nuestra naturaleza que procuraría reemplazar el gobierno de Cristo con nuestros deseos egoístas. En este método de negarnos nosotros mismos por amor a otros y por amor a Cristo, podemos darnos cuenta del significado paradójico de las palabras de Jesús de que "todo el que pierda su vida por causa de mí, la hallará" (Mateo 16:25). En la senda del sometimiento "nos hallamos nosotros mismos" al descubrir el propósito para el que fuimos creados y expresar nuestra verdadera identidad como hijos de Dios.

Lea Filipenses 2:3–4 y vuelva a escribirlo en sus propias palabras. (Para que no piense que esto suena como el perfil de un individuo convertido en tapete, recuerde que Cristo mismo, que fue firme y seguro, vivió esta misma actitud [Filipenses 2:5–11]).

¿Tiende usted a hacer las cosas primordialmente para agradar a otros, o para ganar su aprobación, y no como una extensión de verdadera humildad y servicio? Si no

está seguro, la próxima vez deténgase y pídale a Dios que revele sus verdaderos motivos.

_____

_____

_____

_____

_____

Jesús sabía quién era; inequívocamente dijo: "Yo soy Rey" (Juan 18:37); y sin embargo voluntariamente escogió servir a otros. La verdadera humildad viene sólo con una correcta comprensión y aceptación de la verdad en cuanto a nosotros mismos.

La Trampa de la Comparación

La comparación a menudo es la esencia de los sentimientos de fracaso o de no valer nada. Esta tendencia surge de una cosmovisión que cataloga a las personas de acuerdo a su valor percibido. Es imperativo ver la diferencia entre esta cosmovisión y la noción bíblica de lo que es una persona.

La mentalidad mundanal de la supervivencia del más apto ha producido una sociedad que adora la belleza, la fuerza, los logros y el poder. Cuando nos comparamos con los ídolos de la sociedad, nos quedamos cortos. Nos sentimos inservibles porque, de acuerdo a la escala de valores del mundo, nos hallamos en un escalón muy bajo respecto a ese ideal. Otras veces nos comparamos con otros a quienes vemos como "más inferiores", a fin de poder sentirnos mejor en cuanto a nosotros mismos. Esto también revela una baja imagen propia.

¿Tiende usted a compararse con otras? ¿De qué manera afecta eso su actitud en cuanto a sí misma? ¿En cuanto a otras personas?

_____

_____

_____

_____

_____

_____

_____

De acuerdo a la Biblia, usted como mujer tiene valor, no debido a que sea más bellas, más fuertes, o más capaces que otras, sino porque fue creada a la imagen de Dios. Su valor brota de dentro de usted misma y no de su propio débil esfuerzo de auto promoción, auto admiración y amor por sí misma.

 **Para Empezar la Jornada**
James Dobson escribe:

Si me fuera posible hacer una recomendación a todas las mujeres del mundo, les recetaría a cada una de ellas una generosa dosis de saludable auto estima y aprecio por sí mismas. Deberán emplear tres dosis diarias hasta que los síntomas de sus malestares desaparezcan totalmente. Porque no tengo la menor sombra de dudas de que esta es la máxima necesidad femenina. . . . Si fueran capaces de gozarse por la posición y dignidad que el Creador les ha otorgado, entonces toda su feminidad sería considerada como una gran bendición. Y no pretenderían dejarla abandonada en un sillón como se deshecha alguna ropa vieja.

No cabe la menor duda de que el futuro de la nación Norteamericana (y de la humanidad) está en dependencia de cómo veamos a las mujeres. Y tengo la esperanza de que seamos capaces de enseñarles a nuestras niñas a ser felices, sintiendo que son elegidas por Dios para el maravilloso privilegio de ser madres, esposas y amas de casa.[6]

Tomando en cuenta las verdades en cuanto a su valía bosquejadas en la Biblia, describa un retrato de sí misma basado en la perspectiva que Dios tiene de usted.

_____

_____

_____

_____

_____

_____

_____

La Biblia dice que usted fue creada para hacer buenas obras (Efesios 2:10). Eso no quiere decir que las obras la salvan. Más bien, usted fue diseñada para funcionar mejor al participar en una vida enfocada en otros y que glorifica a Dios. ¿Cuáles características, experiencias, dones y talentos únicos le ha dado Dios con los cuales servirle?

_____

_____

_____

¿A quienes puede servir con estos dones? ¿Cómo?

_____

_____

_____

Las personas con una autoestima saludable saben quiénes son, sienten poca necesidad de defenderse o justificarse a sí mismas, sienten poca presión para desempeñarse por causa de otros, y tienen la capacidad de sentir y expresar toda la amplia variedad de emociones humanas. Lo que son por fuera refleja lo que son por dentro. Como resultado, su pensamiento no es "todo tiene que ver conmigo" sino "todo tiene que ver con glorificar a Dios".

Una vez que usted verdaderamente cree que lo que Dios dice es verdad en cuanto a usted, usted es libre para aceptarse a sí misma y gustarse de sí misma. La mujer que lo hace tiene la capacidad de amar a otros sin egoísmo. Una persona que está convencida de que es digna de compasión tiene compasión para dar. Una mujer que es amada tiene amor para dar.

¿Sabe usted quién es usted? Dios la hizo a Su imagen. Usted vale lo que el Hijo de Dios pagó por usted. Usted fue adoptada por el Rey del universo y heredará riquezas sin fin. Él la hizo para sus propios propósitos hermosos como la joya suprema de la creación, pronunciando sobre usted las palabras "¡Muy buena!" Y le confió un don espiritual que es indispensable para el cuerpo de Cristo. Así que, para resumirlo, usted es una persona de valía y dignidad. La palabra es *valiosa*. Usted es demasiada valiosa para su Salvador y Señor como para abandonarla. Abrace estas verdades que honran al Dios que la creó. Al hacerlo así, usted valida el hecho de que Dios no comete errores y que usted vale tal como es.

Padre, te confieso que mi enfoque ha estado sobre mí, cómo me veo a mí misma, y cómo otros me ven. Lléname de Tu Espíritu a fin de que por Tu poder pueda pasar mi enfoque hacia Ti, Tu pueblo y Tu voluntad para mi vida. Fielmente recuérdame que Jesús es la Vid verdadera y que yo soy una de las ramas. No puedo dar fruto a menos que yo permanezca en Él. No permitas que me olvide que aparte de Él, ¡no puedo hacer nada! Te lo pido en el nombre de Jesús, amén.

El amor de Dios por usted es ...

Más profundo que el océano.

Porque muy grande es tu amor por mí; me has rescatado de las profundidades de la muerte. (Salmos 86:13, NTV)

Más dulce que la miel.

Son más deseables que el oro,
*   incluso que el oro más puro.*
Son más dulces que la miel,
*   incluso que la miel que gotea del panal. (Salmos 19:10, NTV)*

Más largo que toda una vida.

El Señor protege a todos los que lo aman,
*   pero destruye a los perversos. (Salmos 145:20, NTV)*

Incondicional.

El Señor dice: «Rescataré a los que me aman;
*   protegeré a los que confían en mi nombre. (Salmos 91:14, NTV)*

Demostrativo.

Amo al Señor, porque oye
mi voz y mis súplicas. (Salmos 116:1, LBLA)

Protector.

Pero alégrense todos los que en ti se refugian;
para siempre canten con júbilo,
porque tú los proteges;
regocíjense en ti los que aman tu nombre. (Salmos 5:11, LBLA)

Profundamente personal.

Qué preciosos son tus pensamientos acerca de mí, oh Dios.
*   ¡No se pueden enumerar! (Salmos 139:17, NTV)*

¡Y ESE AMOR ES SUYO!

Capítulo 4

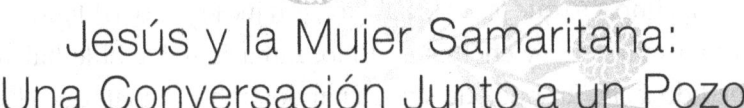

Jesús y la Mujer Samaritana:
Una Conversación Junto a un Pozo

Entonces la mujer samaritana le dijo: ¿Cómo es que tú, siendo judío, me pides de beber a mí, que soy samaritana? (Porque los judíos no tienen tratos con los samaritanos). Respondió Jesús y le dijo: Si tú conocieras el don de Dios, y quién es el que te dice: "Dame de beber", tú le habrías pedido a El, y El te hubiera dado agua viva. (Juan 4:8–9, LBLA)

A todas las mujeres que están en una incesante búsqueda de amor; que tal vez han comprometido sus valores o se han conformado con menos: ¿Se pregunta usted si alguien en realidad podría amarla?

Conozca a Jesús junto a un pozo.

Era pleno mediodía, en un día de mucho calor. Jesús esperaba junto al pozo de Jacob a la única mujer que venía caminando por el sendero desierto. Nadie iba al pozo al calor del día. Jesús había enviado a sus Doce a la ciudad para comprar comida, de manera que la conversación entre Él y esta mujer pudiera ser privada. Ella era una mujer del lado equivocado de una decisión moral, atrapada en una situación pecaminosa . . . y toda la ciudad lo sabía. El viento seco del Medio Oriente bien podría haber soplado atravesando su espíritu quebrantado.

La impactó que Jesús le hablara; ¡un judío justo hablándole a una mujer . . . y encima de todo, samaritana! Y Él le había pedido *a ella* un poco de agua, cuando ambos sabían que *ella* era la que se moría de sed espiritual. Ella había bebido todo lo que el mundo tenía para ofrecerle, y había acabado como si tuviera la boca llena de arena.

Con el cántaro listo, ella se dio la vuelta y se atrevió a fijar sus ojos en los de Él mientras Él le decía: "el que bebiere del agua que yo le daré, no tendrá sed jamás" (Juan 4:14). Ella le dio a Él agua . . . Él le ofreció a ella la vida eterna.

¿Podría ser Él el Mesías por tanto tiempo esperado? Ella necesitaba pruebas.

Entonces Él le dijo a ella todo lo que ella había hecho buscando el amor. Cosas dolorosas, cosas privadas.

¿Cómo podía Él saber eso?

Pero Él lo dijo todo sin avergonzarla; una aceptación a la que ella no estaba acostumbrada. Ella jamás había conocido esta clase de transparencia; un amor que la vio tan verdaderamente y le habló tan sinceramente, y con todo, le ofreció misericordia tan generosamente.

Cuando los discípulos volvieron adonde estaba Jesús, le trajeron Su almuerzo. Sin embargo, cuando la samaritana le contó a la gente en cuanto al amor que había encontrado junto al pozo, trajo consigo a todo el pueblo adonde estaba Jesús.

¿Alguna vez se ha preguntado si usted pudiera ser amada de esa manera? Usted puede. Haga más que encontrarse con Jesús; conózcalo.

Buscando Amor

Toda persona anhela ser amada por alguien; tener una relación profunda, dedicada, con otra persona. Dios nos creó con esa necesidad de intimidad; pero nunca fue Su propósito que alguna relación personal a nivel terrenal fuera el centro de nuestras vidas; ese lugar está reservado únicamente para Él.

Dios nos creó de tal manera que nuestras almas se sienten completas sólo cuando encontramos en Él nuestra mayor satisfacción. Por eso, al principio en las Escrituras leemos: "Y amarás a Jehová tu Dios de todo tu corazón, y de toda tu alma, y con todas tus fuerzas" (Deuteronomio 6:5). No sólo que amar a Dios primero y de la mejor manera le glorifica a Él, sino que también nos da a nosotras el mayor gozo.

Dios la ama.

Haga una pausa para considerar todo lo que eso significa. Él la ama como el novio ama a su novia, como el padre ama a su hijo, como un artista ama a su obra maestra. Nadie la conoce mejor: todos sus secretos, todas sus faltas, todas las peculiaridades que solamente un ser que la ama mucho puede saber.

Su amor no depende de que usted sea una persona fácil de amar, sino del carácter de Él. El amor de Él no está en riesgo cuando usted falla, porque no depende de usted. Él la ama porque eso es lo que Él es: amor. Usted se beneficia de esta gracia. Todo lo que le pide es que lo ponga a Él primero; que usted lo agrade a Él primero; que usted haga de su relación personal con Él *la* prioridad de su vida. Y cuando usted hace eso, Él le promete que todas las demás relaciones personales serán más satisfactorias.

Busque el amor de Dios en los detalles de su vida; usted descubrirá que Su amor es el imán, atrayéndola a sí mismo en todo tiempo y lugar.

Su Más Profundo Anhelo Cumplido

Es Dios quien nos amó primero; Su incesante amor le envió a buscarnos. Él es el Dios de amor que busca, el que nos hizo para sí mismo. Desde el mismo principio fuimos creadas para ser encontradas y disfrutar de Su amor. Él ha entretejido este secreto en las mismas fibras de nuestra alma. Cuando le buscamos con todo el anhelo que Él ha puesto en nuestros corazones, al final, simplemente le descubrimos a Él buscándonos, amándonos todo el tiempo y en todo lugar.

—**Autora desconocida**

Capítulo 5

Jesús y las Discípulas: Respaldo entre Bambalinas

Y poco después, Él comenzó a recorrer las ciudades y aldeas, proclamando y anunciando las buenas nuevas del reino de Dios; con Él iban los doce, y también algunas mujeres que habían sido sanadas de espíritus malos y de enfermedades: María, llamada Magdalena, de la que habían salido siete demonios, y Juana, mujer de Chuza, mayordomo de Herodes, y Susana, y muchas otras que de sus bienes personales contribuían al sostenimiento de ellos. (Lucas 8:1–3, LBLA)

Uno de los misterios del ministerio de Jesús es el dinero. ¿De donde salió? ¿Quién pagó por los viajes, comida y alojamiento de los doce hombres por tres años? Nadie recogió una ofrenda ni pidió donativos. Jesús no recibió ningún honorario por las ocasiones no programadas en que habló en público.

Los fondos vinieron de una fuente inesperada. Una gran parte de la causa de Jesús fue sostenida por mujeres que vertieron su dinero como aceite precioso para permitir que Jesús enseñara y capacitara, mientras iba de un lado para otro por los campos según los deseos de Su Padre.

No eran "fans" de Jesús, aunque sin duda a menudo se malinterpretaron sus intenciones. Estas mujeres generosas fueron discípulas genuinas, que siguieron, sirvieron, escucharon y obedecieron. Y en tanto que los discípulos más conocidos de Jesús fueron "llamados", estas mujeres simplemente vinieron a Él voluntariamente.

De las muchas mujeres, los nombres de apenas unas cuantas se anotan: Juana, de la alta sociedad de Herodes, Susana, María, la madre de Jacobo, y María Magdalena (la única que dijo algo que se anotó en las Escrituras). Y sin embargo, ¿cuántas veces estas mujeres estuvieron en un salón mientras Jesús enseñaba, atendiendo a los detalles o sirviendo la comida? De manera típica, Jesús no las despedía como los demás rabinos del día, ni les decía que se fueran cuando Él y los hombres se quedaban sentados hasta altas horas, conversando junto al fuego. ¡Qué experiencias podrían haber contado estas mujeres!

Su devoción tenía dimensiones puras, profundas. Con toda certeza estas mujeres tenían otras virtudes, pero se contentaron con dar, una y otra vez. Servir a Jesús fue el mayor logro de sus vidas. Fue su propósito. Su sacrificio fue meramente una muestra de su gratitud.

Tal vez elevadas por la estima contracultural que Jesús les dio, estas mujeres tomaron a Jesús en serio, tal vez incluso más que los hombres. Llámesele intuición femenina o experiencia personal, pero estas mujeres sabían que Él era el Mesías. Después de todo, Jesús las había rescatado: a algunas del terror demoniaco, a otras de enfermedad es físicas; a todas de las tinieblas espirituales.

Así que le siguieron con tenacidad y devoción, costara lo que costara. Nunca se jactaron de lo valiosas que eran para la compañía de seguidores, y sin embargo estuvieron presentes en dos lugares y ocasiones cuando más importaba: en la cruz y ante la tumba del huerto.

Deben haber significado mucho para Jesús, que tan notoria y abiertamente rompió las reglas de la cultura para ayudarlas; y Él debió haber significado todo el mundo para ellas.

Dándonos a Nosotras Mismas

Es bastante fácil para una mujer persuadirse de que su valor se relaciona directamente a su habilidad o apariencia, su carrera o nivel social en la comunidad. La cultura actual promueve ese tipo de distorsión.

Pero las siervas de Dios le sorprenderán. Ellas saben que su verdadero valor está en Cristo. Ese conocimiento las llena, y hace que desborden de amor para otros. Simplemente necesitan ver una necesidad y se esfuerzan por atenderla. Están deseosas de servir en toda manera que puedan. Su meta no es ser grandes, sino aprovechar la gran oportunidad de servir a Aquel que las salvó.

Dé un paso hacia atrás y mire a las mujeres que sirven en el cuerpo de Cristo en general. Son verdaderamente hermosas. Manos llenas de gracia haciendo trabajos forzados. Ojos sabios vigilando. Oídos confiables escuchando. Corazones que disciernen apacentando. Más de la mitad de la iglesia cristiana actualmente está compuesta por mujeres de corazón fuerte.

Son mujeres que estimulan, aconsejan y capacitan. Otras ayudan en cuestiones técnicas. Otras más organizan y cuentan. Mujeres apreciadas trabajan con sus manos, producen, llevan registros y organizan conferencias. Y todas ellas ayudan a sostener financieramente al ministerio, de manera que pueda operar sin tropiezos y sin sobresaltos. El cuerpo de Cristo verdaderamente está en esto, todos *juntos*.

Una servidora hace cosas por las que no hay manera de pagarle. Ella sabe que Dios es su Dueño y, por consiguiente, está a disposición de Dios. Ese conocimiento les da libertad para servir sin reconocimiento o recompensa. Pero Dios no olvida. Él ve todo acto de bondad, toda obra de gracia, y todo sacrificio de tiempo o enfoque. Dios se da cuenta de todo ápice de energía que se invierte; y reconoce el amor que tales mujeres muestran mientras sirven a los santos en el nombre del Señor.

Debido a la gratitud por todo lo que Jesús ha hecho, de estas mujeres fluyen acciones de generosidad, cortesía, sensibilidad y sacrificio. Pocas cualidades son más significativas e impresionantes que un corazón generoso. Sí, eso incluye respaldo financiero; pero tal vez más importante que dar de nuestro dinero, es darnos nosotras mismas.

Que Dios la use a una, ¿hay algo más estimulante, más satisfactorio? Tal vez no, pero hay algo incluso más básico: reunirse con Dios; pasar tiempo en Su presencia, dejando fuera el ruido de la ciudad y, en quietud, dándole la alabanza que Él se merece. Antes de dedicarnos a la obra de Dios, encontrémonos con Él en Su Palabra . . . en oración . . . en adoración.

—Charles R. Swindoll

Capítulo 6

Superando la Ansiedad

Conforme usted empieza a creer la verdad respecto a quién es usted en Cristo, enfrentará retos al llevar esa creencia a la práctica. Uno de los más insidiosos de esos retos es la cuestión de la ansiedad. La ansiedad es la dolorosa incomodidad mental que se alimenta de temores inminentes. Corre rampante en las vidas de las mujeres cristianas, produciendo destrucción y agotamiento increíbles.

¿Qué le hace a usted morderse las uñas? ¿Qué la mantiene despierta por la noche? ¿Qué la asusta? No me refiero a esa clase de miedo que despiertan las películas de horror, o incluso los intrusos cotidianos como una llave de agua que gotea, un montón de facturas o una llanta desinflada. Me refiero a las preocupaciones implacables de los monstruos mentales que causan grandes úlceras, que se meten en su cabeza, que la acompañan todo el día y le roban el sueño. ¿De qué preocupaciones aterradoras halla imposible sacudirse? ¿Hay algo que la ponga ansiosa de esa manera?

Muchas, si no es que la mayoría de las mujeres colocan la tensión financiera a la cabeza de su lista de "preocupaciones". Otras causas de ansiedad que se menciona a menudo incluyen el divorcio, la pérdida de espiritualidad, opiniones liberales en cuanto al sexo y la sexualidad que amenazan a la familia, preocupaciones en cuanto ambos padres teniendo que trabajar fuera de casa, dificultades para pagar la renta o la hipoteca, deudas, costos de salud y cuentas médicas.

En tanto que cada persona tiene una lista diferente, las preocupaciones profundas e implacables ejercen un efecto similar en nosotros. Obran como rateros vulgares en los rincones oscuros de nuestros pensamientos; como carteristas que nos arrebatan nuestra paz y nos privan de nuestro gozo.

Si se le deja en libertad para que haga su obra insidiosa, la preocupación agota nuestros recursos, dejándonos en bancarrota emocional e inmovilizados espiritualmente. Por eso debemos confrontarla de frente; y el primer paso en ese proceso es analizar y entender el poder de la ansiedad.

Ataques de Ansiedad

Cuando pienso en lo que la Biblia dice respecto a la ansiedad, mi mente me lleva primero al pertinente consejo que el apóstol Pablo nos da en su carta a los Filipenses. Si tecleo la palabra *preocupación* o *ansiedad* en el buscador de mi mente, lo primero que aparece en la pantalla es Filipenses 4.

Qué Es la Ansiedad

A fin de notar algunos indicios críticos de la naturaleza de la ansiedad, echemos un vistazo de cerca a las tranquilizadoras palabras de este pastor del primer siglo. Las escribió en una celda estrecha, húmeda, de una cárcel, a personas que amaba y que se hallaban a gran distancia de donde el apóstol estaba.

> Regocijaos en el Señor siempre. Otra vez digo: ¡Regocijaos! Vuestra gentileza sea conocida de todos los hombres. El Señor está cerca. Por nada estéis afanosos, sino sean conocidas vuestras peticiones delante de Dios en toda oración y ruego, con acción de gracias. Y la paz de Dios, que sobrepasa todo entendimiento, guardará vuestros corazones y vuestros pensamientos en Cristo Jesús (Filipenses 4:4–7).

De inmediato descubrimos una orden consistente en cuatro palabras "Por nada estéis afanosos". Esta frase se podría traducir, literalmente: "No se preocupen por nada", como lo dice la versión Reina Valera Contemporánea. La palabra que se traduce "afanosos" procede del verbo griego *merimnao*, que quiere decir "tener una preocupación que distrae". La palabra *ansiedad* en español se deriva del latín *anxius*, que lleva el matiz adicional de asfixia o estrangulación. ¿Acaso no es una metáfora apropiada? La ansiedad amenaza estrangularnos y quitarnos la vida, dejándonos asfixiados por el temor y jadeando en busca de esperanza.

Jesús usó términos similares cuando se refirió al afán en Su parábola del sembrador, según leemos en Marcos 4. El Ilustrador Maestro pintó en la mente de Sus lectores el cuadro de un agricultor que siembra semilla en cuatro tipos de terreno. En esa parábola describió que una semilla cayó entre espinos. Al hacerlo así subrayó tanto la naturaleza real como el poder destructivo de la ansiedad. Jesús dijo: "Otra parte cayó entre espinos; y los espinos crecieron y la *ahogaron*, y no dio fruto". (Marcos 4:7, énfasis añadido). Más tarde, cuando los discípulos le preguntaron a Jesús el significado de la parábola, Él interpretó Sus propias palabras. La semilla que fue plantada entre espinas, explicó, son "los que oyen la palabra, pero los afanes de este siglo, y el engaño de las riquezas, y las codicias de otras cosas, entran y *ahogan* la palabra, y se hace infructuosa" (4:18−19, énfasis añadido). El sembrador que sembraba la semilla sembró la Palabra de Dios. Claramente el Sembrador de la semilla, en la analogía de Jesús, es el mismo Jesús y Su enseñanza. Sin embargo la referencia también incluye a cualquiera que siembra la verdad mediante la enseñanza o la predicación. El terreno es el corazón de toda persona que oye la verdad que se siembra. La ansiedad brota como mala hierba y espinas, creciendo junto con la semilla de la Palabra de Dios, y ahoga o estrangula la paz que la Palabra de Dios puede dar. En esta lección en cuanto a semillas y terrenos, Jesús hace una conexión directa entre la ansiedad y la estrangulación. ¡La ansiedad nos estrangula!

Qué Hace la Ansiedad

En su forma menos severa, la ansiedad simplemente nos fastidia. En su forma más severa, nos lleva al pánico. Este es un buen lugar para hacer una pausa y cavar más hondo. ¿Por qué la ansiedad es tan errónea y debilitante espiritualmente? Tres declaraciones ayudarán a responder a esa pregunta; y estas declaraciones nos conducirán a una ilustración de los tiempos bíblicos.

La ansiedad destaca el punto de vista humano y estrangula el punto de vista divino, de modo que nos volvemos temerosos. Cuando nos preocupamos, nos concentramos tanto en los eventos humanos que la perspectiva de Dios queda asfixiada. La preocupación ansiosa estrangula la perspectiva divina arrebatándola de nuestra vida, lo que nos pone los nervios de punta.

La ansiedad estrangula nuestra capacidad de hacer la distinción entre lo incidental y lo esencial, de modo que nos distraemos. En medio de los detalles que nos preocupan, añadimos temores, dudas, tareas, expectativas y presiones interminables. A la larga perdemos la perspectiva de lo que realmente importa. Cosas incidentales nos distraen tanto que descuidamos lo esencial. Las personas fructíferas por lo general son personas en paz. Las personas improductivas, por otro lado, están hecho nudo, al haber permitido que las preocupaciones incidentales estrangulen su mente.

La ansiedad arrebata la alegría y nos lleva de un pensar juicioso a volvernos criticones. Cuando la preocupación gana la batalla, arremetemos contra otros en nuestra ansiedad. La ansiedad funciona como el colesterol malo, endureciendo las arterias de nuestros corazones espirituales y obstruyendo el flujo del amor y la gracia. A la larga, conforme las espinas y cardos se intensifican, nos volvemos negativos, amargados y de mente estrecha.

No estamos solos en esta lucha contra la ansiedad, ni tampoco lo estaban los que se encontraban más cerca de

Jesús mientras Él estuvo en la tierra. En la escena bíblica siguiente, Jesús, como Maestro amable y compasivo, ofrece una perspectiva y corrección a un amigo frenético. Se nos recuerda que en los tiempos difíciles cuando la ansiedad se introduce sutilmente, llenando nuestra mente de temor, distracción y amargura, podemos acudir a Aquel que brinda una paz inexplicable.

Un Retrato de la Ansiedad en el Primer Siglo

La escena que tengo en mente se encuentra en Lucas 10. Es una de las viñetas más íntimas de la vida de Jesús. El escenario es la casa de tres de los más íntimos amigos de nuestro Señor: Marta, María y Lázaro, que vivían en el pueblo de Betania, justo en las afueras de Jerusalén.

Jesús escogió el hogar de estos tres amigos como lugar de refugio, un retiro ideal lejos de la tensión del ministerio público. Allí Él hallaba un puerto seguro entre personas que no le hacían preguntas capciosas, que se acercaban a Él sin ninguna agenda escondida, y que le aceptaban tal como era. Cuando leo este relato me pregunto: *Si Jesús viviera en la tierra en estos días, ¿escogería mi casa?* Y ya que estamos hablando de esto, ¿sería *su* casa uno de aquellos lugares en donde Él encontraría alivio?

Al considerar el pasaje bíblico, observe con atención cómo dos individuos distraídos reaccionaron a la visita de su famoso amigo y algunos de sus discípulos agotados y con hambre.

> Aconteció que yendo de camino, entró en una aldea; y una mujer llamada Marta le recibió en su casa. Ésta tenía una hermana que se llamaba María, la cual, sentándose a los pies de Jesús, oía su palabra. Pero Marta se preocupaba con muchos quehaceres, y acercándose, dijo: Señor, ¿no te da cuidado que mi hermana me deje servir sola? Dile, pues, que me ayude. Respondiendo Jesús, le dijo: Marta, Marta, afanada y turbada estás con muchas cosas. Pero sólo una cosa es necesaria; y María ha escogido la buena parte, la cual no le será quitada (Lucas 10:38–42).

Antes de seguir, tal vez deba dar una breve explicación. Tengo que dejar bien claro que el nombre de Marta no tiene ningún significado general. Tampoco su género. La persona que cede a tales distracciones que producen ansiedad pudiera tener cualquier nombre, y ser hombre o mujer, joven o viejo, rico o pobre.

Marta quedó encantada al ver a Jesús, con certeza, pero al verlo, de inmediato se dio cuenta de que tenía una tarea gigantesca entre manos. Había una comida que preparar, una mesa que poner, e invitados que atender. Esto exigía una seria planificación y ejecución eficiente. Nadie puede culpar a Marta de que le faltara diligencia.

El relato de Lucas ofrece un elocuente estudio en contraste. Después de que Marta recibió a Jesús en la puerta (10:38), debe haberse dirigido directamente a la cocina. Lo sabemos porque Lucas pasa rápidamente a describir lo que hizo la hermana de Marta: "Ésta tenía una hermana que se llama

María, la cual, sentándose a los pies de Jesús, oía su palabra" (10:39).

Comprendiendo la rareza del momento de simplemente estar en la presencia del Maestro, María se sentó a Sus pies anhelante de aprender cualquier cosa que Él tuviera que decir. Marta "se preocupaba con muchos quehaceres" (10:40). En otras palabras, María aprovechó la oportunidad, pero Marta, presa de la ansiedad y distraída, se la perdió. Marta estaba actuando responsablemente. Era cierto, había un trabajo que hacer. Lamentablemente, era tan responsable que dejó todo lo demás fuera de enfoque.

Marta llegó al punto de estallar y en un momento de exasperación dijo abruptamente: "Señor, ¿no te da cuidado que mi hermana me deje servir sola? Dile, pues, que me ayude" (Lucas 10:40).

Se me figura que ella dijo esas palabras a Jesús con el ceño fruncido y la vista clavada en María. Con las manos en las caderas, el sudor brillando en su frente, y con toda seguridad Marta pataleaba en señal de protesta. ¿Alguna vez se ha sentido así?

Las preocupaciones fuera de balance de Marta por los preparativos de la comida le impidieron concentrarse en Jesús. Debido a que se había dejado ganar por la ansiedad, ella se perdió de un encuentro con el Salvador que potencialmente pordría haberle cambiado la vida. El estrés que ella se acarreó sobre sí misma estranguló su capacidad de deleitarse en las palabras de Cristo y disfrutar del quieto beneficio de Su presencia.

Me encanta la manera cómo nuestro Señor respondió. Le dice: "Marta, Marta". Jesús gentil, amable y tranquilo. No le soltó tremendo sermón, meneando el dedo en la cara de Marta. No abrió de repente la Biblia de la familia avergonzándola para que leyera los versículos en voz alta. Nada de eso. Estoy convencido de que sintió compasión por Marta. Inclusive, puede ser que le haya abrazado, diciéndole al oído: "afanada y turbada estás con muchas cosas. Pero sólo una cosa es necesaria; y María ha escogido la buena parte, la cual no le será quitada" (10:41–42).

Jesús precisó el problema de Marta. Ella había permitido que la ansiedad del momento nublara su actitud, le privara de sus prioridades correctas, y le robara el gozo. A menudo ese marco mental tergiversado se asoma tan claro como el día en nuestras caras fruncidas. Me pregunto si el lenguaje corporal de Marta delataba su estrés interno.

María había escogido el camino mejor: el camino de la vida y la paz que se halla a los pies de Jesús. Por el resto de su vida ella habría podido recordar esas preciosas horas con su amado Salvador. Marta a lo mejor hubiera conocido sólo frustración y remordimiento, si Jesús no la hubiera regañado amorosamente.

Las Dinámicas de la Ansiedad

Después de años de estudiar la ansiedad (y rendirme ante ella con demasiada frecuencia), he destilado en cuatro principios lo que he aprendido en cuanto a su poder destructivo. Estos principios pueden parecer negativos a primera vista, pero cuando uno los acepta y los pone en práctica, pueden llegar a ser poderosos antídotos contra el aguijón de la ansiedad. Los he arreglado en términos de aritmética sencilla: suma, resta, multiplicación y división. Voy a decírselos.

Nos preocupamos cuando sumamos *presión innecesaria a un plato ya lleno.* Este es el error más común que cometen las personas atareadas. ¡Es la suma lo que nos derrota! Nos preocupamos cuando sumamos la presión de la imagen exterior, cuando aceleramos el paso para mantenernos a la par con los Pérez, cuando intensificamos nuestra responsabilidad emocional en respuesta a la lucha de otra persona. Nos preocupamos cuando asumimos la responsabilidad de cumplir expectativas irrazonables de otros. Personalmente he luchado con eso a través de los años. En mi calidad de pastor, solía preocuparme por vivir a la altura de las expectativas de tantas y tantas personas. ¡Qué manera más terrible de vivir o de ministrar! El tratar de llenar las expectativas de otra persona sólo añade presión innecesaria. Así que usted y yo nos preocupamos cuando sumamos cosas a un plato de preocupaciones ya lleno.

Nos preocupamos cuando restamos *la presencia de Dios de nuestras crisis.* Nos preocupamos cuando nos olvidamos de la presencia de Dios y de la soberanía de Dios. Nos preocupamos cuando restamos de nuestros planes el tiempo correcto de Dios; cuando eliminamos la oración de nuestras rutinas diarias; cuando restamos la perspectiva divina de nuestros tiempos de dificultad. La ansiedad nos gana cuando restamos el poder infinito de Dios de nuestras propias débiles iniciativas.

Peter Marshall, quien fuera el renombrado capellán del Senado de los Estados Unidos de América, decía en oración:

> Padre: . . . Contén nuestros impulsos de estirarnos tan delgadamente que quedamos expuestos al temor y a la duda, al agotamiento y a la impaciencia que nos ponen los nervios de punta, que nos privan de la paz mental, que hacen los cielos grises cuando deberían ser azules, que apagan el canto en los pasillos de nuestro corazón.[2]

Este experimentado pastor entendía que la adversidad menos la presencia de Dios es igual a la duda y el temor. Todas las veces, la sustracción nos lleva a la duda.

Nos preocupamos cuando multiplicamos *nuestros problemas insertando soluciones prematuramente.* Cuando insertamos nuestras soluciones demasiado rápido, surgen complicaciones. Entonces nos preocupamos cuando fracasa lo que pensábamos que serían soluciones. La ansiedad nos llena cuando insistimos en buscar por nosotros mismos el camino para salir de la adversidad de la vida en lugar de seguir la senda de Dios al atravesarla. Nos adelantamos a Él y hallamos que nuestra prisa simplemente nos retrasa. También cedemos ante la ansiedad cuando multiplicamos nuestros temores con imaginaciones alocadas. Pensar lo peor siempre nos vuelve irracionales y nos llena de miedo, como el niño que oye ruidos en su armario o piensa que hay monstruos debajo de su cama. Nuestras imaginaciones se desbocan en los tiempos difíciles, y el temor resultante nos paraliza. La multiplicación nos llena de miedo.

Nos preocupamos cuando dividimos *la vida en lo secular y lo sagrado.* Dios no quiere que dividamos nuestras vidas en compartimientos separados. Él quiere que pongamos bajo Su control todo aspecto. La confianza selectiva hace que nos olvidemos de las provisiones diarias de Dios. Mientras menos incluimos a Dios en nuestra vida diaria, más nos llena la ansiedad. Qué fácil es decirnos nosotros mismos que *esta* parte le toca a Dios, pero *aquélla* no. ¡Error! Dividir la vida en categorías de lo sagrado y lo secular hace que nos olvidemos de la presencia de Dios en todo aspecto. La división nos hace olvidar.

Eche un buen vistazo a los eventos actuales de su vida. ¿Qué es lo que le produce ansiedad? Sin que importe lo que usted esté enfrentando, la preocupación le hará más daño que bien.

Después de graduarse de la universidad, Luci, mi hermana mayor, aceptó un empleo como representante de campo de una universidad, lo que quería decir que frecuentemente tenía que viajar sola. Un día, al anochecer, y mientras conducía por una carretera rural, notó los faros de otro automóvil detrás del de ella. Después de echar un vistazo en el espejo retrovisor, se dio cuenta de que un hombre la seguía. Ella pensó: *Pues bien, no es la hora en que planeaba detenerme, pero lo haré por razones de seguridad.*

Entró en el estacionamiento de un hotel pequeño, y se inscribió en el mostrador de recepción. Entonces notó fuera del cristal que el hombre que la seguía se había estacionado al otro lado de la carretera, esperando a que ella escogiera su habitación en el hotel; que era uno de aquellos que está construido en forma de herradura. Entonces el temor se apoderó de ella. No tenía nada con qué protegerse; y no sabía qué decir o hacer.

Así que salió, se subió a toda prisa a su coche y se dirigió por el camino de grava hasta el espacio frente a la habitación número ocho. Se bajó de su auto, y a toda prisa metió sus cosas a la habitación, y corrió todo cerrojo que halló en la puerta. Entonces oyó el ruido del automóvil estacionándose cerca. Los pelos se le pusieron de punta. En ese tiempo ni siquiera tenía un teléfono consigo, así que no había manera de contactar a nadie.

Ella pensó: *Me daré una ducha rápida y me meteré en la cama, y todo marchará bien.* Al disponerse a meterse a la ducha, se dio cuenta de que había dejado sobre la cama algunas cosas que necesitaba, así que se envolvió en una toalla y salió para recogerlas. Al hacerlo, notó que la persiana veneciana estaba medio abierta, y supo que el hombre estaba allí afuera.

Cada vez que cuento esto, trato de imaginarme cómo debe haberse sentido ella. Más tarde me contó: "Las lágrimas se me salieron por el miedo; pero entonces me di la vuelta, y vi algo debajo del vidrio de la mesa de noche. Alguien que había estado allí previamente había deslizado una tarjeta de 3 x 5 debajo del cristal". Luci se detuvo y leyó:

> Venid a mí todos los que estáis trabajados y cargados, y yo os haré descansar. Llevad mi yugo sobre vosotros, y aprended de mí, que soy manso y humilde de corazón; y hallaréis descanso para vuestras almas; porque mi yugo es fácil, y ligera mi carga. Firmado: Jesús.

Ella dijo: "Empuñé esa tarjeta y se la mostré a esa persiana veneciana. Me acerqué, y cerré la persiana; regresé al baño y me metí bajo la ducha. Volví a la cama esa noche y dormí como una nena". Luci supo allí y en ese instante que el Señor Jesucristo estaba con ella, pasara lo que pasara.

¿No es eso asombroso? Unas pocas frases de Jesús y todo el marco mental de mi hermana cambió. Ahora bien, no estoy sugiriendo que cualquier momento que usted esté en peligro, no debe quedarse sin hacer nada, excepto sentarse juntar las manos y orar. Usted ora al respecto; pero también hace todo lo que esté en sus manos para cuidarse en esa situación. Entonces usted lo pone todo en manos de Dios.

De la Ansiedad a la Paz

Podemos tomar una decisión respecto a qué hacer con nuestra ansiedad. Podemos llevarla con nosotros a una tumba prematura, o podemos decir: "Señor: Te entrego todo esto, y reposo en Tu cuidado. He venido a Tu cruz con mi mayor carga. Ahora te traigo todos los asuntos pequeños que me han estado quitando mucho tiempo y energía. Te lo entrego todo".

¿Se preocupa por el mañana? ¿Lo están estrangulando algunas ansiedades de las que no puede librarse? ¿Se siente como Marta, preocupada con demasiadas cosas cuando hay sólo una cosa que realmente importa? Jesús le invita a mirar "las aves del cielo, que no siembran, ni cosechan, ni recogen en graneros" y notar cómo "el Padre celestial las alimenta" (Mateo 6:26). Sea franca; ¿acaso no cree que Dios se interesa más en usted que por las palomas, los gorriones o los cuervos?

Así que, confíe y ore. Reemplace todos los monstruos mentales de la ansiedad por el mañana . . . o por la próxima semana . . . o por el próximo mes. En su lugar, entréguele al Señor Jesucristo su temor y ponga pensamientos verdaderos en su mente: Dios tiene el control. Dios se interesa por usted; y Dios se especializa en guardar la puerta de su mente, manteniendo fuera los monstruos mientras llena su mundo interior con una paz incomprensible y duradera.

La perspectiva divina dice: "Señor: Estoy enfrentando una crisis; pero sé que puedo confiar en Ti. Quiero confiar en Ti. Señor, me rindo. Me someto a Tu plan, y con gran deleite espero Tu respuesta".

—Charles R. Swindoll

Capítulo 7

Usted Puede Ser Liberada de la Ansiedad

Usted Está Aquí

En su encantador poema "Fifteen, Maybe Sixteen, Things to Worry About" ("Quince, Tal vez Dieciséis Cosas por las Cuales Preocuparse") Judith Viorst concluye con líneas que suenan verdaderas:

> El mundo tal vez podría llegar a su fin el próximo martes.
> El techo tal vez podría caer sobre mi cabeza.
> Yo tal vez podría quedarme sin cosas de que preocuparme.
> Y entonces yo tendría que hacer mi tarea escolar en lugar de eso.[1]

Como la niña del poema, la mayoría de nosotros preferiría preocuparse que hacer algo productivo. No todo es juego de niños cuando se trata de situaciones reales de la vida.

Considere las preocupaciones de una mujer:

Me voy a la cama todas las noches con un nudo en
el estómago. Hay simplemente demasiadas cosas en
mi vida sobre las cuales no tengo ningún control. La
compañía donde trabaja mi esposo está despidiendo
gente a diestra y siniestra, y no sé cómo me las
arreglaría si él se quedara sin trabajo incluso por
poco tiempo. Él detesta incluso hablar del asunto, y
eso está metiendo una cuña entre nosotros. Tengo
varios problemas de salud que me hostigan y que el
médico no puede resolver. Y mis hijos . . . ¿cómo es
posible que pueda impedir que echen a perder sus
vidas, con todo eso de las drogas, e inmoralidad y
el peligro allá afuera? No tenemos cómo ponerlos
en una escuela cristiana. Sé que se supone que
los creyentes no deben sentirse así; pero sin que
importe cuántas veces al día "eche mis afanes sobre
Él", ¡simplemente se empeñan en volver a mí!

Aunque decimos que Dios puede llevar nuestras cargas,
nosotros las ponemos sobre nuestros hombros hasta que el
peso nos doblega hasta el suelo.

Enfrentando a Nuestros Captores

La preocupación, por cierto, le da a nuestras mentes activas
algo que masticar, como también el temor. Entonces viene
también la ansiedad y carcome nuestro espíritu. Incluso hasta
en forma más dañina, juntos se roban nuestra confianza en
Dios un pensamiento a la vez.

El *miedo* es la emoción de alarma en reacción a un peligro o amenaza percibida. El peligro puede ser real (la sombra de un ladrón, un coche que se acerca velozmente) o puede ser imaginario (una ventana que cruje por el viento, una escena aterradora en una película), pero la percepción es real y definida. El miedo está en la misma "familia" que la ansiedad, y sin embargo son dos cosas diferentes.

La *ansiedad* es un sentimiento más general de inquietud, una percepción vaga de la amenaza. Como una fiebre baja, puede agotar el cuerpo manteniéndolo en un nivel constante de alerta. El temor desata una ráfaga de adrenalina; la ansiedad es como un goteo lento de adrenalina. Cuando se necesita estar alerta, esta adrenalina lista para reaccionar provee energía y creatividad, pero sostenida en exceso por largo tiempo, agota tanto la mente como el cuerpo.

La ansiedad puede venir de la percepción bien sea de una amenaza externa o de un conflicto interno. Por ejemplo, una mujer puede sentir ansiedad cuando al conducir pasa por algún lugar que asocia con recuerdos dolorosos de rechazo. Por otro lado, una mujer que desea una relación personal más honda con alguien pero que teme el rechazo si revela sus pensamientos, siente ansiedad.

La *preocupación,* sin embargo, no es un sentimiento. La preocupación es la acción mental de rumiar conflictos o temores, darles vuelta mentalmente, y contemplar el peor escenario posible. Esta reacción a la ansiedad sirve sólo para aumentarla. La preocupación es una forma improductiva de resolver problemas, porque se la aplica a cosas que no se pueden cambiar o evadir simplemente deseándolo.

Dios quiere que seamos libres. Nos dio mentes para pensar libremente, corazones para amar libremente y voluntades para actuar libremente. La ironía, sin embargo, es que al ejercer nuestra libertad nos aprisionamos nosotros mismos detrás de los barrotes de las decisiones erradas y adicciones, incluyendo la ansiedad y la preocupación.

¿Por lo general, de qué manera le hace frente al temor?

_____

_____

_____

Recuerde experiencias de miedo de su niñez. ¿De qué manera sus padres, o guardianes, le enseñaron a responder a estos peligros (reales o percibidos) o a controlar su miedo?

_____

_____

_____

_____

A su modo de pensar, ¿cómo ve Dios su temor? ¿Su ansiedad?

_____

_____

Descubra el Camino

Los barrotes de la prisión de la ansiedad son gruesos y fuertes, y salir libre no es tarea fácil. Necesitamos de alguien que tenga la llave para abrir la puerta de nuestra oscura celda. Afortunadamente, hay Alguien que puede: Jesucristo.

Abrazando a Nuestro Emancipador

Dios prometió que el Mesías vendría "a publicar libertad a los cautivos, y a los presos apertura de la cárcel" (Isaías 61:1). La libertad, uno de los mayores dones jamás dados, resumen la misión de Jesús.

Los israelitas de los tiempos del Antiguo Testamento a menudo sufrieron literalmente la esclavitud y el exilio. La espera durante siete siglos y medio del cumplimiento de la profecía de Isaías debe haber hecho que el sueño de un Mesías pareciera inalcanzable. Pero en un *sabbat* ordinario, en un pueblito polvoriento en Israel, un hombre llamado Jesús se puso de pie en la sinagoga de Su niñez, desenvolvió el rollo del profeta Isaías capítulo 61, y leyó Su comisión: "Me ha enviado . . . a pregonar libertad a los cautivos, . . . a poner en libertad a los oprimidos" (Lucas 4:18). Después de devolver el rollo al ayudante, Jesús tomó asiento y anunció: "Hoy se ha cumplido esta Escritura delante de vosotros" (4:21).

La gente de aquella ciudad no supo qué pensar respecto a este anuncio. Habían visto a Jesús crecer en el taller de José; era el hijo de un carpintero del pueblo (4:22). En todo el ministerio de Jesús muy pocos entendieron la realidad de Su misión: proclamar que Su muerte y resurrección romperían la esclavitud del pecado y verdaderamente nos haría libres; "verdaderamente libres" (Juan 8:36).

¿Como ha respondido usted a la oferta de libertad que le hace Cristo? Tristemente, muchos de nosotros hemos escogido seguir viviendo detrás de los barrotes de prisión que hemos forjado nosotros mismos, confirmando la verdad de la observación del filósofo Juan Jacobo Rousseau del siglo dieciocho, de que los seres humanos nacen libres y sin embargo "en todas partes se encuentran encadenados". [2]

¿Es usted prisionera de la preocupación, temor o ansiedad? En los barrotes de prisión que siguen, escriba los nombres de personas, o situaciones, u otras cosas que evoquen conflicto interno.

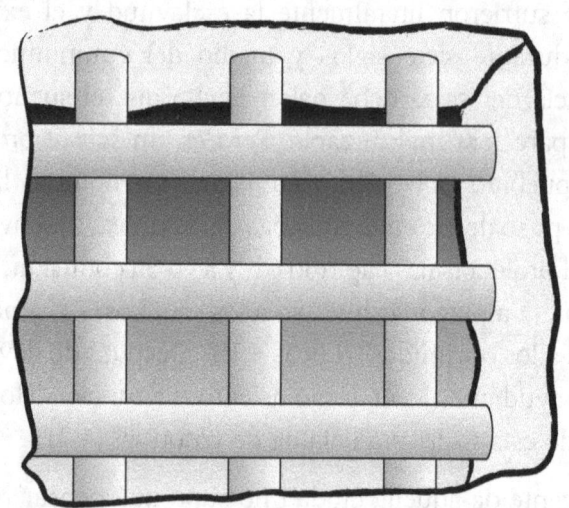

¿De qué manera el miedo o la ansiedad afectan su perspectiva de la vida? ¿Se inclina usted hacia una disposición alegre

o melancólica? ¿De qué manera la preocupación afecta sus relaciones personales? ¿Su salud?

_____

_____

_____

_____

_____

_____

Marcos 4:7, 18–19 presenta un cuadro vívido de las consecuencias de la ansiedad. ¿Ha notado usted alguna de estas cualidades en su vida espiritual? Si es así, ¿cuáles?

_____

_____

_____

Los problemas, el miedo, los afanes, el morderse de uñas y los dolores de cabeza debido al estrés que vienen con estas cosas nos doblegan. En el famoso *Sermón del Monte* que Jesús pronunció, habló del problema del afán o la preocupación. De hecho, en una sección, que se encuentra en Mateo 6:25–34 leemos que Jesús usó la palabra *afán* no menos de cinco veces. Una verificación del trasfondo histórico revela que su origen va ligado al significado de ser estirado "en direcciones diferentes" o de estar "distraído".[3] Se nos estira en direcciones, se nos distrae de la verdad y se nos lleva a enfocarnos en el miedo.

Un Mejor Camino

Si estamos preocupadas y afanosas, no podemos estar llenas de paz, ¿verdad? Demos un vistazo más de cerca a este pasaje para ver cómo Dios quiere que manejemos nuestras preocupaciones.

Lea Mateo 6:25–34. Los versículos 25–26 nos aseguran que Dios se preocupa más por nosotras que por las aves que vuelan por los aires. ¿Qué aprendemos de esto en cuanto a cómo Dios ve nuestras dificultades?

_____

_____

_____

Según el versículo 27, ¿qué logra la ansiedad?

_____

_____

_____

¿Qué indica la preocupación respecto al concepto que el preocupado tiene de Dios?

_____

_____

_____

Vuelva a leer Mateo 6:25-34. En sus propias palabras, haga una lista de las promesas que Jesús hace en este pasaje.

_____

_____

_____

_____

¿Qué dice Jesús que debemos hacer en lugar de afanarnos?

_____

_____

_____

_____

El afán o preocupación, de acuerdo a Jesús, conduce a cuatro consecuencias. Primero nuestro sistema de valores se vuelve confuso (Mateo 6:25), convirtiendo las necesidades básicas de la vida en la razón o propósito de la vida. Segundo, nos volvemos egoístas (6:31), consumidas por completo por la comida, bebida o ropa. Tercero, nuestro rasgo distintivo como cristianas se nubla (6:32); actuamos como no creyentes, que no tienen en donde buscar ayuda, en vez de como hijas de nuestro Padre celestial, que suple nuestras necesidades. Finalmente, le tenemos terror al futuro (Mateo 6:34). Nos ponemos frenéticas por la salida del sol por la mañana, incluso antes de que el sol se ponga por la noche.

Lea los siguientes pasajes de Proverbios, y contraste las ideas positivas y negativas en cada uno.

Proverbios	Positivas	Negativas
15:13		
15:15		
17:22		

En Filipenses 4:6–7 leemos que el apóstol Pablo exhortó a los creyentes a orar cuando se hallaran presos de la ansiedad:

> Por nada estéis afanosos, sino sean conocidas vuestras peticiones delante de Dios en toda oración y ruego, con acción de gracias. Y la paz de Dios, que sobrepasa todo entendimiento, guardará vuestros corazones y vuestros pensamientos en Cristo Jesús.

Al orar respecto a nuestras ansiedades, ¿cómo debemos orar?

_____

_____

_____

_____

Cuando nos preocupamos, estamos tratando de resolver nuestros propios problemas en lugar de confiar en que Dios los resuelva. A su modo de pensar, ¿por qué nuestra reacción natural es apoyarnos en nosotros mismos en lugar de orar?

_____

_____

_____

_____

_____

_____

¿Qué promesa tenemos si reemplazamos nuestras ansiedades con oraciones de acciones de gracias?

_____

_____

_____

_____

_____

Para Empezar la Jornada

Paul Tillich dijo que vivimos en una "era de ansiedad";[4] y toda generación podría apropiarse de esa frase. Jesús podía haber utilizado las palabras de Tillich para describir la generación que vivía en el primer siglo, y la frase ha caracterizado a toda generación desde entonces. Mire a su alrededor y verá un mundo consumido por el afán, la ansiedad y el miedo. Jesús desea grandemente librar de esto a las mujeres. Así que da una profunda declaración en un mandamiento sencillo y alentador: "No os afanéis" (Mateo 6:31). Esto, por supuesto, es más fácil decir que hacer, pero si creemos la Palabra de Jesús y le hacemos frente a la garra del afán y la ansiedad, podemos aplicar la solución de Dios, corregir nuestra perspectiva, y pronto descubriremos que la puerta de nuestra celda se abre de par en par.

Como hemos visto en Filipenses 4, los seguidores de Cristo no deben afanarse por nada y en cambio orar por todo. Cuando lo hacemos así, tenemos gozo, y también aprendemos a experimentar la paz de Dios (Filipenses 4:7). Además de orar, se nos exhorta a dejar que nuestra gentileza sea conocida. La frase que se traduce "gentileza" es la palabra griega *epieikes*, que quiere decir "amable y considerado".[5] Imagínese tener una dulzura de disposición en su temperamento, tratando a otros con paciencia y bondad, dándole al Señor tiempo para que obre en sus vidas, y cediendo el paso a todo el que lucha por una posición.

¿Qué nos ordena Efesios 4:31–32 que abandonemos y qué que pongamos en práctica?

Abandonar	Poner en Práctica

Describa una situación pasada o presente en la cual la ansiedad hizo que usted exhibiera algunas de las características que se mencionan en Efesios 4:31.

_____

_____

_____

_____

_____

Describa una situación pasada o presente en la cual usted exhibió algunos de los rasgos que se mencionan en Efesios 4:32, a pesar de su ansiedad.

_____

_____

_____

_____

A su modo de pensar, ¿qué determinó la diferencia en su respuesta?

_____

_____

_____

_____

Podríamos resumir Filipenses 4:6–7 como: "No se preocupen por nada; oren por todo". Si usted hace eso, puede descansar con facilidad, como si Dios le dijera: "Shhh". *Shalom* (la paz) incomprensible de Dios guardará su corazón y mente como un centinela que impide que la ansiedad entre; un centinela de paz colocado allí por Jesucristo, el único que nos hace libres de la preocupación.

¿De qué manera ha usado usted la oración en el pasado para combatir sus ansiedades? ¿Cuál ha sido el resultado?

_____

_____

_____

_____

Si sus ansiedades siguen creciendo, tal vez su concepto de Dios está reduciéndose. ¿Qué rasgos del carácter de Dios demuestran su poder y fidelidad?

_____

_____

_____

Como ya vimos arriba, la terapia de Dios para la ansiedad es sencilla: *No se preocupe por nada; ore por todo.* Cuando nuestro enfoque cambia de nuestros problemas a la grandeza de Dios, se nos hace libres de la prisión del miedo angustioso. Podemos regocijarnos, relajarnos y descansar.

La Perspectiva Importa

La ansiedad con certeza nos va a ladrar para que volvamos a nuestras celdas, como un perro policía que acorrala a un sospechoso. ¿Cómo podemos mantenerla a raya? Continuemos orando, por supuesto, pero también podemos corregir nuestra perspectiva en tres aspectos esenciales.

Primero, podemos limpiar nuestro pensamiento alimentando nuestra mente con pensamientos dignos de alabanza (Filipenses 4:8). Sin que importen nuestras dificultades, desencantos o corazones partidos, si deliberadamente llenamos nuestra mente con pensamientos verdaderos, honrosos y santos, mataremos de hambre a la preocupación convirtiéndola en una enclenque a la que se le puede derrotar.

Usando Filipenses 4:8 como guía, escriba un pensamiento o promesa en el cual puede apoyarse cada día esta semana. Puede escoger un pasaje bíblico para cada uno, buscar un dicho o proverbio inspirador, o diseñar una imagen o dibujo que refleje ese concepto. Sea creativa.

Verdadero: _____

_____

Honesto: _____

_____

Justo: _____

_____

Puro: _____

_____

Amable: _____

_____

De buen nombre: _____

_____

De virtud: _____

_____

Digno de alabanza: _____

_____

Segundo, podemos seguir ejemplos santos al enfocar nuestra atención en modelos alentadores. En Filipenses 4:9 Pablo les dijo a sus lectores que le imitaran. Por encima parecería como si Pablo estuviera jactándose, pero no estaba jactándose. Había sido liberado de la prisión del afán, y por el poder del Espíritu Santo vivía una vida de gozo, gentileza y paz. Pablo simplemente se ofrecía como ejemplo de lo que Cristo puede hacer para librarnos de la ansiedad.

¿A quién podría usted seguir como modelo alentador de vivir en libertad (tal vez alguien que conozca, un personaje en la Biblia, o alguien de quien ha leído en una biografía)?

_____

_____

_____

¿Qué, de manera específica, hace de esa persona un buen ejemplo para usted?

_____

_____

_____

_____

¿Qué acción específica puede realizar esta semana para seguir el ejemplo de esa persona?

_____

_____

_____

_____

Luego, podemos ajustar nuestra visión espiritual hallando la paz de Dios en toda circunstancia. La preocupación nos obliga a enfocar las cosas erradas: nosotros mismos, nuestra circunstancias, nuestro futuro desconocido. Podemos reenfocar y apropiarnos de la paz de Dios en toda circunstancia.

Describa una situación que está haciendo que usted luche con la preocupación hoy.

_____

_____

_____

_____

Escriba una oración pidiéndole a Dios que le dé paz en esta situación.

Amado Dios:

_____

_____

_____

_____

Toda persona es presa de la ansiedad necesita ser liberada de la prisión que ella misma se ha construido. Pero hay esperanza y esa esperanza está vinculada a la persona y obra de Jesucristo, ¡el Gran Emancipador!

¿Se encuentra usted encerrada detrás de los barrotes de la ansiedad? Recuerde orar pidiendo la paz de Dios, pensar en la paz de Dios, y apropiarse de la paz de Dios. Cristo la hará libre y guardará su corazón y mente de la tentación de la ansiedad.

¿Realmente cree usted que Jesús la hará libre? Si es así, personalice Juan 8:36 y Juan 14:27 escribiéndolos en sus propias palabras e insertando su nombre, en donde sea apropiado.

Juan 8:36

_____

_____

_____

Juan 14:27

_____

_____

_____

_____

"Así que, si el Hijo os libertare, seréis verdaderamente libres" (Juan 8:36). Estas palabras resuenan con gozo y esperanza para las que se hallan detrás de los barrotes de la prisión de la ansiedad. Adelante, y empuje la puerta de su celda; ya está sin llave. Salga al sol de la libertad. Viva libre de la preocupación. Regocíjese, relájese, descanse, reemplace la ansiedad con oración, acción de gracias, y risa, y recuerde "la que ríe al último, ríe mejor".

Decirlo Todo

Dile a Dios todo lo que hay en tu corazón, tal y como uno descarga con un amigo querido el corazón, sus placeres y dolores.

Dile tus problemas, para que Él te consuele;

Dile tus alegrías, para que Él las modere;

Dile tus anhelos, para que Él los purifique;

Dile lo que no te gusta, para que Él pueda ayudarte a conquistarlo;

Háblale de tus tentaciones, para que Él pueda escudarte de ellas;

Muéstrale las heridas de tu corazón, para que Él pueda sanarlas. . . .

Si de esta forma derramas todas tus debilidades, tus necesidades, tus problemas, no te faltarán palabras. . . . Los que no tienen secretos entre sí, nunca les falta tema de conversación. No pesan sus palabras, porque no hay nada que ocultar; ni tampoco andan buscando algo para decir. Hablan de la abundancia de su corazón, sin consideraciones dicen exactamente lo que piensan. Benditos los que disponen de un diálogo con Dios así de familiar y sin reservas.[6]

—Francois Fenelón

Capítulo 8

Fe que Vence Obstáculos

¿Qué cosa en su vida parece imposible?
Aprenda cómo enfrentar las circunstancias
más exigentes de la vida
con completa confianza en Dios
mediante el paso de fe de una mujer.

Mi amiga Valeria, ama de casa con cuatro hijos, hizo una cita para ver al médico después de sufrir algunos mareos. El médico ordenó que se tomara algunas radiografías, y Valeria casi se desmaya cuando vio las radiografías del tumor en su cerebro. Tenía el tamaño de un aguacate.

Inicialmente, todo mundo se tambaleó por el choque. Ella y los que la rodeaban se preguntaban: ¿Qué les va a pasar a su esposo y a los chicos? ¿Hay alguna cura? ¿Estarán juntos otra Navidad?

Como ella lo cuenta, cada vez que le gritaba a sus hijos, o se irritaba con su esposo, se disculpaba diciéndose a sí misma: "Tengo cáncer cerebral. ¿Qué es lo que Dios quiere de mí?"

¿Qué espera Dios *en efecto*? Como seguidora de Cristo, Valeria quiere glorificar al Señor en esta prueba. Así que se acercó a Él con una pregunta clave: "¿Qué esperas Tú de mí?" Aunque su cáncer le hace más difícil hacer el bien, ella ha encontrado que el mismo principio se aplica, tanto en la enfermedad como en la salud: Para agradar a Dios cuando una enfrenta una situación aparentemente imposible, tenemos que ejercer la *fe*.

¿Qué cosa en su vida parece imposible? Tal vez usted o algún ser querido enfrenta algo tan serio como cáncer cerebral. O tal vez es que usted sabe que a menos que Dios haga un milagro, su matrimonio no durará otro año. O tal vez usted juguetea con un mal hábito secreto que, si usted no lo controla, la destruirá. Cada una de nosotras enfrenta algún obstáculo abrumador porque todos somos personas quebrantadas y necesitadas. Y muchos en toda la historia se han hecho la misma pregunta que hacía Valeria: "Cuando enfrento tal situación, ¿qué espera Dios de mí?"

Una persona en particular viene a mi mente. Vivió en tiempos de Jesús, y la conocemos como la mujer que sufría de una hemorragia crónica. Hallamos su experiencia relatada en Marcos 5:25–34, y en ella vemos tres demostraciones de la fe bíblica.

Primero que nada, *la fe nos lleva a Cristo cuando estamos al final de nosotras mismas*. Esta mujer había sufrido de hemorragia por doce años. El texto dice que ella padecía de "flujo" de sangre (v. 29), y esta es la misma palabra que otros escritores antiguos usaban para referirse al sangrado menstrual. De acuerdo a la ley mosaica, todo en lo que ella se sentaba quedaba impuro ceremonialmente. Todo lo que ella tocaba quedaba contaminado ceremonialmente. Ella tenía que abstenerse de la participación en la comunidad de fe porque Dios exigía que los que tenían tales emisiones se disociaran de la adoración en comunidad. Esta mujer había sido una marginada social por más de una década.

¿Qué causó su mal? Aunque algunas traducciones dicen que era una hemorragia, un ginecólogo a quien consulté me dijo que ella ya se hubiera muerto mucho tiempo atrás si ese hubiera sido el caso. El ginecólogo mencionó una serie de enfermedades que podían haber causado la hemorragia prolongada, siendo una posibilidad cáncer uterino. Una mujer que padece de cáncer uterino por doce años, dando por sentado que el cáncer se ha metastizado, estaría en un intenso dolor y casi muerta. Si eso es verdad, la mujer no solamente habría sido rechazada como una marginada social, sino que también habría sufrido un agonizante dolor físico. También sabemos que ella había gastado en médicos todo lo que tenía (v. 26). Nada que había probado le había servido; y el texto nos dice que en lugar de mejorarse, empeoraba. Así que ella estaba al final de la cuerda en sí misma cuando vino a Jesús.

¿Y qué de usted? ¿Ha venido usted a Jesucristo y reconocido su necesidad? La fe nos lleva a Cristo con una clara comprensión de que se han agotado nuestros recursos y no nos queda ninguna otra alternativa.

Esta mujer también nos muestra que *la fe nos impulsa a confiar en Cristo*. Ella tocó a escondidas el borde del manto del Señor, probablemente Sus flecos de oración, porque creía que Él podía curarla (v. 28). La fe de esta mujer incluyó más que consentimiento mental. Tan segura estaba en su creencia que eso la impulsó a la acción. Hizo gran esfuerzo para llegar hasta Jesús, abriéndose paso entre una multitud de personas que probablemente la conocían por mucho tiempo como una mujer contaminada ceremonialmente.

Jesús por cierto hizo por esta mujer lo que parecía imposible. El texto dice que cuando ella extendió su mano, "en seguida la fuente de su sangre se secó; y sintió en el cuerpo que estaba sana de aquel azote" (v. 29). Si esta mujer tenía cáncer uterino, su cuerpo se retorcería por el intenso dolor. Tal vez en ese momento cesó para ella toda molestia relativa a la enfermedad. Al instante supo que Jesús la había sanado.

Dios puede realizar lo imposible en nosotras también. Una mujer de nuestra iglesia tiene un hermano que se rebelaba tan abiertamente que ella le dijo a su pastor: "Ni siquiera Dios podría cambiarle su corazón". Hoy ese hermano es un pastor de jóvenes. Dios se especializa en hacer lo imposible. ¿Cree usted realmente que Cristo puede ayudarla? Y, ¿esa creencia la impulsa a buscarlo, a echar mano de la fuerza del Señor al enfrentar probabilidades insuperables? Él es el único digno de su confianza.

¿Cual fue la respuesta del Señor a la acción de esta mujer al buscarlo? Se dio cuenta de que "poder" había salido de Él (v. 30). Eso no quiere decir que ella agotó el poder del Señor; sino que quiere decir que Él sintió que de Él salió poder, tal vez de la misma manera en que usted y yo sentimos que hay poder que sale de nosotras cuando pateamos una pelota. Habiendo sentido eso, Él siguió buscando para ver quién lo había hecho. Él quería saber: "¿Quién ha tocado mis vestidos?" (v. 30).

Eso no era lo que la mujer esperaba; ella había querido permanecer anónima. En su próxima acción nos enseña una tercera verdad en cuanto a la fe: *La fe responde a Cristo en obediencia, aun cuando Él nos llame a hacer algo difícil.* Marcos anotó: "Entonces la mujer, temiendo y temblando, sabiendo lo que en ella había sido hecho, vino y se postró delante de él, y le dijo toda la verdad" (v. 33).

Simplemente imagínese la escena. Ella estaba aterrada. Le daba terror que la pusieran al descubierto. Pero Jesús la buscaba, así que ella vino y se postró a Sus pies. En otros pasajes bíblicos leemos de otras personas también postrándose a los pies del Señor, y es fácil pensar que esto era algo que ocurría todos los días en ese entonces, pero no era así. Fue algo así como un asunto de una vez en una vida.

¿Alguna vez se ha postrado usted a los pies de alguien? Yo lo hice una vez; cuando tenía trece años. Mi novio rompió conmigo, y yo pensé que mi vida se había acabado. Así que me aferré de sus pies y le supliqué que no me dejara. Fue una acción de total y humillante desesperación. (Sí, una gran burrada también). Cuando una se postra a los pies de alguien, el lenguaje corporal dice que la vida se ha acabado; si acaso no físicamente, por lo menos emocionalmente; a menos que la persona tenga el poder de intervenir y hacer algo. Y esta es la posición que esta mujer tomó.

Entonces lo dijo todo. Todo. ¡Qué humillante hablar de problemas menstruales frente a una enorme multitud! Pero eso es lo que el Señor le pidió. Esperaba que diera testimonio de la bondad del Señor, que contara una experiencia catalogada "no apta para menores", cuando sin duda ella quería que su vida recibiera la categoría de aprobada "para todos los públicos". Y ella obedeció.

Ahora bien, lo que sucedió después debe inspirarnos. Diciéndolo en pocas palabras, Jesús le dijo: "¡Hija!" (v. 34). ¿Por qué es esto significativo? Porque es la única ocasión en todo el Nuevo Testamento en que leemos que Jesús llamó hija a *una mujer*. Y para que el lector no dude de cuán preciosa es una hija, Marcos continúa en la próxima sección hablando de la hija de Jairo, que murió pero a quien Jesús revivificó de los muertos (vv. 35 – 43). Era la querida hija de un padre angustiado. "¡Hija!" ¿Anhela usted ese tipo de afirmación? Él está deseoso de dársela.

Jesús luego le dice a la mujer: "Hija, tu fe te ha hecho salva; ve en paz, y queda sana de tu azote" (v. 34). No sólo que afirmó la fe de ella, sino que también la envió sana a su casa. En tanto que la salud física vino instantáneamente, la sanidad social y emocional apenas había empezado.

En Hebreos 11:6 leemos que sin fe es imposible agradar a Dios, pero que Él recompensa a los que le buscan con diligencia. Nuestra fe debe recabar ese mismo elogio glorioso: "¡Hija!"; cuando ponemos en práctica lo que creemos.

Valeria está cultivando ese tipo de fe en su lucha diaria contra el cáncer cerebral. Sí, siente angustia, y nadie pretende que sea fácil. Pero debido a su enfermedad también ha captado una perspectiva eterna que hace que las personas quieran sentarse a sus pies para captar lo que rebosa cuando ella habla de Cristo. Ella ha puesto su enfoque en algo incluso más importante que la posibilidad de celebrar otra Navidad con su familia, por importante que esto sea. Ella desea más que nada ser una mujer de fe, llegar a ser la clase de hija a quien su Padre celestial amante pueda libremente decir: "¡Bien hecho, hija!"

¡Toda la alabanza sea para Dios, el Padre de nuestro Señor Jesús el Mesías! ¡Dios es nuestro Padre misericordioso! **¡Es Dios de todo consuelo sanador!** **Él viene a nuestro lado cuando atravesamos dificultades,** *y antes de que nos demos cuenta, Él trae a nuestro lado a otra persona que está atravesando dificultades, a fin de que nosotros podamos estar allí para esa persona tal como Dios estuvo allí para nosotros. Tenemos mucha dificultad que resulta de seguir al Mesías, pero no más que los buenos tiempos de su consuelo sanador; también recibimos medida llena de eso.*

—*2 Corintios 1:3–5, adaptado de* **El Mensaje**

Capítulo 9

Pero ¿Qué Pasaría Si . . .?

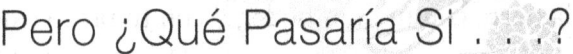

Cuando se trata de imaginarnos tragedias o dificultades, lo peor que jamás pudiera suceder, no necesitamos que nadie nos enseñe. Nuestra imaginación de inmediato se desboca, y nos atascamos en el hipotético: "Pero, ¿qué pasaría si . . .?"

Enfrentado lo Imposible

Algunas de las cosas que Dios dirige y permite en nuestras vidas nos parecen golpes que destrozan. Nos despedazan y destrozan nuestra determinación, persistencia y perseverancia. Pero son las pruebas que nos hacen personas de Dios.

Lo que a usted le parece una situación imposible, es única para usted. Las de otras personas son igualmente únicas para cada una de ellas. Pero el hecho de *tenerlas* no es único para nadie. Si usted no está en una situación imposible ahora, lo estará el día de mañana. En un momento u otro, todos lo estaremos. Es fácil desalentarnos en medio de una imposibilidad. Nos vemos tentados a decir: *No puedo con esto.* La verdad es que no podemos.

Pero conocemos a Alguien que sí puede.

El ángel Gabriel, que le dijo a María: "nada hay imposible para Dios", estaba haciendo eco de las palabras del profeta Jeremías que dijo: "¡Oh Señor Jehová! he aquí que tú hiciste el cielo y la tierra con tu gran poder, y con tu brazo extendido, ni hay nada que sea difícil para ti" (Jeremías 32:17). Dios nunca se ha topado con pared; jamás lo hará. Como lo dijo Gabriel, que estuvo en la presencia de Dios en alabanza de adoración desde que empezó la historia humana: "Nada hay imposible para Dios".

Nada de lo que usted pueda mencionar es imposible para Dios. Nada en su mundo lleno de ansiedad. Nada que la mantenga despierta e intranquila toda la noche.

Por cierto, si usted está en una situación imposible ahora mismo, considere *por qué* lo está. Usted no está en esa situación porque se le acabó la suerte. ¡No hay cosa tal como la "suerte"! Usted no está en una serie de increíbles circunstancias que se combinaron por pura coincidencia y pillaron a Dios por sorpresa. ¡A Dios nada lo toma por sorpresa! Que esto quede bien muy claro: Usted está allí con el propósito de ser probada con lo imposible.

Lo que es mejor, Dios mismo sabe lo que Él se propone hacer. No hay un pensamiento compulsivo en el Ser Divino. Él está a años luz delante de nosotros. Su perspectiva va más allá de nuestra vida. Él tiene "el panorama completo" de la existencia. Nosotros estamos en un punto diminuto del tiempo, pero Dios lo tiene entre sus brazos. Él sabe exactamente lo que se propone hacer.

Dios quiere hacer su mejor obra cuando usted está absolutamente al final de su esperanza. Todos enfrentamos una serie de oportunidades asombrosas brillantemente disfrazadas de situaciones imposibles. Avance por fe. Como María lo hizo, dígale a Dios: "Yo soy tuya. Haz lo que tú quieras".

Esperando en Dios

A veces esperar una respuesta de Dios se parece a conducir una ambulancia en medio de un embotellamiento de tráfico. Suba el volumen de la sirena todo lo que quiera, pero los coches no se mueven. Porque no se puede avanzar.

Nuestras vidas a menudo se caracterizan por demoras similares. Nosotras estamos apuradas, pero Dios no lo está. Nosotras nos rompemos los nudillos golpeando la puerta del cielo suplicando una respuesta, y todo lo que recibimos es … silencio.

¿Qué está *haciendo Dios?* La demora es un misterio para nosotras.

A quien sigue a Dios por fe siempre se le pide que espere. Desde la perspectiva de toda una vida, podemos ver por lo menos que igual de importante como aquello que esperamos es la obra que Dios quiere hacer en nosotras mientras esperamos.

Si confiamos en Él mientras esperamos, Dios desarrolla nuestra confianza en Su carácter. Aprender a confiar en Él en el lapso entre la necesidad y la respuesta solidifica lo que creemos en cuanto a Él. Con el tiempo, llegamos a tener certeza de Su amor; *Él quiere sólo lo mejor para nosotras.* Nos afirmamos en Su sabiduría; *Él sabe lo que es mejor para nosotras.* Nos convencemos más de Su poder; *Él puede hacer lo que es mejor para nosotras.*

Dios sabe que para nosotras es difícil andar por fe, así que Él nos hizo algunas promesas para darnos seguridad mientras esperamos:

Nunca nos dejará (Hebreos 13:5).

Redimirá esta situación para bien (Romanos 8:28).

Él está obrando un plan más grande (1 Corintios 2:9).

Tal vez nunca sepamos de este lado del cielo lo que Dios se proponía hacer mientras esperábamos. Pero sin que quepa la menor duda, Dios siempre ha estado obrando, forjando un plan de tal belleza y simetría que nuestras mentes no pudieran haberlo percibido.

No tenemos que forjar nuestra visión de la vida sólo por lo que podemos ver o por lo que sucede ante nuestras narices. No tenemos que quedarnos prisioneras de las dudas alocadas que hierven en nuestras cabezas y que sabemos que no son verdad. *Afírmate en lo que te he dicho,* ha dicho Dios (Salmos 103:1–22).

Siga orando. Siga esperando. Y mientras tanto, crea que Dios no sólo es superior a nuestros temores, sino que también es superior a nuestras esperanzas.

Qué Hacer Cuando la Puerta se Cierra

Usted esperó; usted buscó consejo divino; usted ha seguido orando. Su corazón está dispuesto, su espíritu está listo, y su alma espera. Y justo en el momento cuando usted piensa que la respuesta está cerca ¡PUM! . . . La puerta se cierra de golpe.

- Usted oró por un ser querido para que se sanara; y esa persona murió esta tarde.

- Usted oró por una oportunidad de empleo que era la esencia de la esperanza de un nuevo comienzo; y acaba de oír que le dieron el trabajo a otra persona.

- Usted oró para que se vendiera su casa; y ahora el banco le amenaza con un juicio hipotecario.

Y ahora, ¿qué? ¿Qué hace con su fe?

Es fácil desilusionarse y desalentarse, y pensar que usted de alguna manera se equivocó en la instrucción de Dios, cuando, en verdad, usted está en el mismo núcleo de Su voluntad. Es agonizante ver que los sueños de una quedan destrozados; que las esperanzas de una no se cumplen; enfrentar un futuro desconocido, nada familiar, y a veces —la verdad sea dicha— algo que no se quiere. Pero Dios tiene Su manera de guiarnos sin error al sendero de la justicia por amor de Su nombre.

Dondequiera que sea que el hoy la encuentre, sean las que sean las heridas que todavía está tratando de curar, y por profundo que sea el abismo en que se encuentra, nuestro Salvador es más profundo que todo eso. Él nunca se equivoca. La puerta que se le ha cerrado en las narices es lo que Él planeó, o permitió; incluyendo las ofensas, el trato injusto y las pérdidas. Es posible que usted haya estado confiando en Dios para cierto resultado en lugar de confiar en Dios. Anímese; Dios es fiel.

Tal vez usted llegó a una puerta cerrada, o se ha visto empujada contra ella. Para usted es difícil aceptar el hecho de que la puerta verdaderamente está cerrada con llave. Deje de luchar y deje las cosas por lo sano. Pídale a Dios que salga a su encuentro al considerar nuevas posibilidades de fe. Usted no sabe lo que espera detrás de otra puerta. Pídale que le dé paz en una dirección completamente nueva; y esté abierta a ella.

Pasos Prácticos para Avanzar

No hay ninguna fórmula mágica para sanar, pero unos cuantos pasos son comunes para todas nosotras.

Siga viviendo

Comer, dormir, respirar; todo esto se da por sentado cuando las cosas marchan bien, y se olvidan cuando las cosas salen mal. Mantenga sus hábitos saludables, y envuelva con gratitud las cosas más pequeñas.

Abra sus ojos

Una puerta que se cierra de golpe, la pérdida de un ser querido, un corazón partido; todo eso se siente mejor si no lo miramos. Lamentablemente, las cosas *no se mejoran* por sí solas. Deje de ignorar, minimizar o negar la verdad. Acéptela.

Haga el trabajo duro

Toda persona sufre heridas; nadie se libra de eso. Haga su parte: aflíjase, enójese, diga lo que debe decir, siéntalo en lo más hondo. Pida ayuda de otros, y observe cómo Dios obra.

Busque la redención

Dios obra para el bien; Él *hará* todas las cosas nuevas. Hoy es parte de ese proceso. No se lo pierda.

Viva a plenitud

Ser sanada no quiere decir estar libre de cicatrices; quiere decir ser más sabia, ser más pura, ser más fuerte. Deje atrás las viejas heridas; suéltelas. Viva hoy con un su corazón refinado.

Las circunstancias que se vuelven contra nosotros nos obligan a depender de Dios.

Las circunstancias que nos obligan a depender de Dios nos enseñan paciencia.

Las circunstancias que nos enseñan paciencia nos hacen más sabios.

—Charles R. Swindoll

Haga el trabajo duro.

Toda persona que duerme mucho, padece... libra de cansarse y se pone... Entre menos se mueve, dígase que debe, a alguien... una funda. Pedazo más de cuerpo y... comer. Dios echa...

Busque la relajación.

Dice que para el hombre... la comodidad es confusa en... y más cosas. El proceso sería la pérdida...

Viva plenitud.

Ser un administrador de tu tiempo libre de cansarse... no... como... tu labor por más privilegio que tienes. Pero una vez viejas nuestras... Vive hoy con una sazón redonda...

Capítulo 10

Ame la Vida que Dios le Ha Dado

*Dios puede satisfacer su errante búsqueda
de realización, y cuando lo hace,
la llenará hasta rebosar.*

Hice que mi maleta volara del armario a la cama tan rápido que haría que su cabeza diera vueltas. Yo estaba llenándola a tontas y a locas con todo lo que podía cuando mi padre entró por la puerta y me preguntó qué estaba haciendo.

"Ya me harté", le dije a secas. "Mamá me da demasiadas cosas para hacer, mi tarea escolar es demasiado larga y aburrida, mis amigas no me entienden, y Dios está demasiado atareado para saber incluso de que yo estoy aquí. Me largo".

Él entró con pasos pausados, se sentó en mi cama, y me preguntó si podía ayudarme a empacar.

Pues, ¡válgame! Yo no quería eso. En toda mi pequeña furia de mis doce añitos, vacié el contenido de la maleta sobre la cama y salí corriendo. Tenía que llevarle la contraria a Papá. No huiría después de todo, y él tendría que aguantar mi pésima actitud. Así que allí lo tiene; ¡para que se le quite!

¿No se ha sentido usted de esa manera un centenar de veces? *¡Me largo! No tengo por qué vivir en esta casa. Me has visto por última vez. Me voy. Me despido de esta familia. Para siempre.* Déjeme decirle que yo sí. A estas alturas, ya no tanto, pero eso es simplemente porque vivo sola, y si huyera de casa, tendría que llevarme a mí misma conmigo. (Es como mi amiga codependiente que dice que cuando llega al final de su cuerda, se imagina diciéndole a su familia: "¡Súbanse al automóvil. ¡Voy a fugarme!")

No hay escape de la realidad, pero todas tratamos de hacerlo en un millón de maneras diferentes. Algunas sublimamos, otras ignoramos y muchas (como yo) viven en la autonegación. Le dije a mi amiga Marilyn el otro día: "La autonegación es mi realidad". Ella se rió, pero hay algo de verdad en eso, y ella lo sabe. Hay un sin fin veces que cuando vivir en el presente es demasiado difícil, aunque estoy completamente consagrada con el concepto y lo predico cada vez que puedo. Como casi todo, siempre es más fácil decirlo que hacerlo.

Mi madre solía decir: "Me alegraré mucho cuando ustedes, chicos, crezcan a fin de poder dejar de preparar estos almuerzos". (No sabe usted que hubieron muchos días en nuestros años adultos cuando ella pensaba: "Me encantaría tener que preparar el almuerzo para esos muchachos hoy"). La responsabilidad de la familia es lo que la finada humorista Erma Bombeck describe como "chiquillos y transportación compartida" y la comediante Lily Tomlin llama "el mundo de las albóndigas y los remiendos". La rutina se vuelve tediosa muy rápidamente.

En la preciosa novela *Ladder of Years* (*Escalera de Años*) de Anne Tyler, las demandas diarias están colmándole la paciencia a la protagonista Delia Grinstead. Se siente atrapada, y piensa que su esposo y sus hijos la usan, y está cansada de la mediocridad de su vida. Así que, mientras estaba de vacaciones con su familia un verano, se fue. Casualmente se puso a caminar por la playa y se escapó. Muy lejos. Encontró una nueva ciudad, empezó un nuevo empleo, se cambió de nombre, y empezó una nueva vida. Desapareció de su vida anterior y empezó de nuevo.

En cuestión de meses, sin embargo, volvió al punto en que había empezado: sintiéndose atrapada, usada y mediocre. Cambió sus circunstancias, pero su temperamento y personalidad siguieron siendo los mismos; por consiguiente, no hizo otra cosa que reproducir una realidad similar a aquella de la que supuestamente se había escapado. Como un crítico dice en su revisión del libro: "Eso simplemente prueba que saber que uno está cansado, no es lo mismo que saber lo que uno quiere". Delia Grinstead aprendió eso por la vía difícil.

La mayoría de nosotras sabemos lo que *no* queremos en la vida, pero no muchas de nosotras sabemos lo que *en efecto* queremos. Y el no tener lo que queremos, y el no querer lo que tenemos, nos conduce al descontento, si acaso no a la falta de esperanza y la desesperación. Pero he aprendido que hay maneras de superar estos sentimientos. Podemos huir, fugarnos, como Delia lo hizo. Podemos seguir acumulando:

cosas, personas, experiencias, tratando de encontrar lo que *tal vez* queramos, lo que nos falta. Podemos aprender a pretender que estamos completamente satisfechas, muy agradecidas. O . . . podemos hacer lo único y única cosa que sirve: acudir a Dios en oración y a Su Palabra. Él es el que produce un cambio real en nuestras vidas. Y, ¿cómo lo hace? Dándonos esperanza.

La persona que tiene una relación personal con el Dios del universo por medio de Su Hijo Jesucristo, puede saber con certeza que su esperanza está segura. No se quedará corta. De hecho, Pablo nos dice en Romanos 5:2 – 5:

> y nos gloriamos en la esperanza de la gloria de Dios. Y no sólo esto, sino que también nos gloriamos en las tribulaciones, sabiendo que la tribulación produce paciencia; y la paciencia, prueba; y la prueba, esperanza; y la esperanza no avergüenza; porque el amor de Dios ha sido derramado en nuestros corazones por el Espíritu Santo que nos fue dado.

Hay una tenacidad en esas palabras, ¿cierto? Una cosa conduce a otra, y luego a otra, y la otra . . . y así por el estilo. Como la vida misma. Confiar en la Palabra infalible de Dios es la única manera que conozco para lidiar con mi vida imperfecta en este mundo que se cada vez se deteriora más y más.

Aprendí eso de mi madre. Ella tenía su manera de hacer muy práctica la Palabra de Dios, y eso demostró un cambio de vida. Por ejemplo, ella tenía enormes esperanzas para todos sus tres hijos, y su esperanza brotaba de la Biblia: "La dádiva del hombre le ensancha el camino Y le lleva delante de los grandes" (Proverbios 18:16, RV60). Ella escribió ese versículo en una tarjeta de 3 por 5, y la pegó con cinta adhesiva encima del fregadero de la cocina. "Estoy reclamando esto para mis tres hijos", le dijo a mi hermano un día. Mientras que el Nene [mi hermano Chuck], Orville y yo peleábamos por las pelotas, los quehaceres domésticos y quien se comía el último helado, mamá oraba por nuestros futuros. Ella creía en la promesa de Dios de que nuestros varios talentos nos darían oportunidad de ministrar a personas "de importancia", como dice otra versión de la Biblia. Su esperanza para ese resultado no estaba en sus hijos (al momento, le dábamos muy poca esperanza); su esperanza estaba en la fidelidad de la Palabra de Dios.

Mamá también escribía comentarios en los himnarios, y un día después de que ella murió me encontré hojeando las páginas de uno de ellos y hallé un himno que ella había subrayado años antes. Me asombró la cuarta estrofa que dice:

Da tus hijos para que lleven el glorioso
    mensaje;
Da de tu riqueza para facilitarles el camino;
Derrama tu alma por ellos en oración
    victoriosa;
Y todo lo que inviertas Jesús te lo pagará.

Mama fue proactiva respecto a cada palabra de esa estrofa. Ella tuvo dos hijos y los consagró a ambos al ministerio del Señor Jesucristo. Los respaldó con ofrendas en dinero. Oró por ellos. Hoy, mis dos hermanos están sirviendo en la obra de Cristo, y lo han estado haciendo durante toda su vida adulta. Ministran a todos, incluyendo a "personas de importancia". La Biblia lo prometió. Mi madre lo creyó. Dios hizo que se cumpliera. Ella tomaba en serio eso de esperar en Cristo, y su vida de oración lo demostró.

Mi madre no era una santa. Estoy segura de que hubieron días cuando ella quería huir. Pero aprendió cómo descansar en la gracia de Dios siempre presente, poniendo su fe constantemente en Él, aferrándose a una esperanza que no desilusiona. No sé por qué sus hijos hicieron exactamente lo que ella anhelaba que hicieran; ciertamente no debido a que ella lo hizo todo bien todo el tiempo. Pienso que es simplemente que Dios respondió a su oración. Su ejemplo de esperar en Él hace que yo quiera aferrarme, también, a la bondad del Dios que me ama, independientemente de lo rutinario de la vida y de mis propias debilidades.

"Pero, ¿cómo se ve eso en realidad?" puede que usted se pregunte. Cuando su querida hija adolescente cae victima a las drogas, o su mejor amiga se enoja con usted, o su pequeña de cuatro años la enloquece con su egocentrismo, ¿dónde puede encontrar esperanza? Permítame sugerirle tres maneras prácticas para hacer de esto algo real en su vida. Vi estos principios encarnados en la vida de mi propia madre, y los he probado una y otra vez en mi propia vida, y también he observado a muchos otros confiar en estos principios.

Acepte su realidad

La misionera Amy Carmichael dijo: "En la aceptación está la paz".[1] Salomón nos aconseja aceptar como un don lo que Dios nos ha dado: "Igualmente . . . recibir su recompensa y regocijarse en su trabajo: esto es don de Dios" (Eclesiastés 5:19, LBLA).

Durante los años en que trabajé para una corporación petrolera hubieron numerosas ocasiones en que quería renunciar; abandonarlo todo. Dejarlo todo y buscar un trabajo que tuviera una gratificación más personal o espiritual. Pero estaba convencida de que Dios me había puesto en ese medio ambiente con un propósito. No era que no me gustara la compañía, o que no tuviera amigos allí, pero había algo que faltaba en mi espíritu y que parecía constante: un apremiante sentido de que mis actividades diarias no tenían valor eterno.

Persistía en pedirle al Señor que me abriera nuevas puertas y que me diera victoria sobre esos sentimientos de descontento. Finalmente, después de muchos años, acepté el hecho de que Dios quería que trabajara para esa empresa petrolera y que me quedaría allí hasta que Él me llevara a otro trabajo por Sus propias buenas razones. La paz me vino cuando dejé de luchar. Me quedé en esa empresa por treinta años, y nunca lo he lamentado. Los ahorros que pude hacer al trabajar allí crecieron lo suficiente como para permitirme una jubilación muy cómoda (¡si acaso llega una a jubilarse en algún momento!). El crecimiento y experiencia profesional de esos años me han ayudado a tomar decisiones, fijar metas y madurar en general. Y, ¿amigos? Hasta el día de hoy, aquellos con quienes trabajé están entre las personas más encantadoras en mi vida. De hecho, dos de ellas viajan conmigo casi a todas partes en donde dicto conferencias.

No conozco a ninguna mujer que esté encantada con lo que hace o dónde está en cada minuto del día. Pero la realidad es que somos lo que somos, y Dios está haciendo algo muy bueno allí, sea que lo veamos o no. Él no desperdicia nada. Él está haciéndonos crecer en Él mismo.

Traiga a Dios a su realidad

Poner a Dios en su realidad significa estar plenamente presente en el momento; no deseando estar en alguna parte donde usted solía estar o en algún lugar donde espera estar. Mi querida amiga Ney Bailey me ayuda a traer a Dios a mi realidad (y mantenerlo allí) animándome a dejar que mis ansiedades actuales sean el trampolín para orar específicamente. En otras palabras, cuando me preocupo por algo, tengo problemas económicos o en las relaciones personales, o lo que sea, dejo que ese problema sea el catalizador para conversar con Dios directamente al detalle. No esquivo lo que me está fastidiando. No actúo como si no existiera. No salgo a hacer otras cosas. Precisamente en medio de mi ansiedad, se lo cuento a Dios, como si fuera mi papá.

Ney también dice: "Luci, no edites tus oraciones". Ese pensamiento me encanta de manera absoluta. Cuando el niño tira del delantal de su madre por algo que quiere, no se queda allí pensando: *Ahora bien, ¿cómo debería decir esto . . . veamos. ¿Debería empezar con "quiero", o es eso demasiado atrevido?* ¡Válgame, no! El chiquillo suelta sus pensamientos espontáneamente, con total abandono. La sinceridad de su corazón deja al descubierto sus deseos más hondos, peticiones y anhelos al padre o madre que ama y en quienes confía. Orar de esa manera a nuestro Padre celestial fomenta un lazo que es a la vez dulce y reconfortante.

Haga de la vida una aventura

¿Creería usted que a los sesenta y dos años saqué un préstamo hipotecario a treinta años y compré mi primera casa? ¿Por qué no? Después de todo, ¡a lo mejor sigo fuerte a los noventa y dos años! Nunca hubiera soñado que a estas alturas de mi vida yo estaría viajando por todo el país con un grupo de mujeres bulliciosas, hablando a otras decenas de millares. ¿Qué sucedió con la jubilación? Y sin embargo, con la nueva tarea que Dios me ha puesto por delante, Él me ha dado una nueva esperanza de algo por lo que oro y espero: confiando en que Él va a trastornar el mundo. Ser una parte de eso es simplemente la decoración del pastel.

Usted nunca es demasiada vieja para empezar a vivir a plenitud. Pídale a Dios una perspectiva fresca respecto a su vida. Trate cosas que nunca ha tratado antes. Inscríbase en un proyecto conjunto con amigas; o incluso con personas que no conoce: vecinas, otros miembros de la iglesia. Pregúntese qué es lo que más quiere en la vida, y procúrelo. Probablemente no pueda conseguirlo por cuenta propia, pero sí puede orar al respecto. Mi hermano Chuck dice: "La esperanza no requiere una cadena enorme con pesados eslabones de lógica para sostenerla. Con un alambre delgado bastará . . . fuerte lo suficiente para ayudarnos a pasar la noche hasta que el viento se calme". La esperanza es la seguridad de corazón de que nuestro Padre celestial sabe lo que es mejor para nosotras y jamás comete un error. Dios dice: "Confía en Mí. Recuerda Mi Palabra. Cree . . . y espera".

Por supuesto, nuestra mayor esperanza nos espera al final del tiempo, cuando todos los propósitos de Dios se cumplirán. Viviremos con Jesucristo, que por Su gracia nos redimió, nos amó y sostuvo en nuestras pruebas, nos proveyó de gozo en medio de lo que nos partía el corazón, dio paz a nuestros corazones atribulados, y libertad de un estilo de vida aburrido. Estaremos con Él para siempre; ¡una realidad verdaderamente indescriptible!

Su vida rutinaria de todos los días, sus momentos de hastío, pueden parecer que no van a ninguna parte, pero, créame . . . está yendo. Así que no salga corriendo para unirse al circo; ¡por divertido que pudiera ser por un tiempo! Créalo de la autora que mencioné: "la vida real" con el tiempo se asienta, y entonces usted necesitará más que castillos en el aire para salir adelante. Afortunadamente, Cristo nos ofrece a todas una esperanza sustentadora en medio del aquí y ahora. El gozo y la satisfacción no están en otra ciudad, otro trabajo, otra vida. Están en su propio corazón. Créalo. Tómese de la mano de Jesucristo y siga adelante.

Al pararse de la cama cada mañana, agradézcale a Dios por Su amor y Su calma, recordatorios frescos de que este nuevo día está bajo Su control. En silencio diga esta estimulante verdad: Dios me ama.

—Charles R. Swindoll

Cómo Empezar una Relación Personal con Dios

La Biblia es el libro más maravilloso del mundo, y es la guía vital que nos señala el camino hacia Dios. Esta guía nos dice no sólo cómo evitar trampas y cómo navegar a través de los repentinos obstáculos de la vida, sino también nos revela cómo disfrutar de la jornada al máximo. ¿Cómo? Nos dirige a Dios, nuestro destino final. Nos dice cómo podemos llegar a conocer a Dios mismo. Observemos cuatro verdades vitales que la Biblia revela.

Nuestra Condición Espiritual: Completamente Corrupta

La primera verdad es muy personal. Una mirada en el espejo de la Biblia, y nuestra condición humana se hace dolorosamente clara:

> No hay justo, ni aun uno;
> No hay quien entienda,
> No hay quien busque a Dios.

Todos se desviaron, a una se hicieron inútiles;
No hay quien haga lo bueno, no hay ni siquiera
uno. (Romanos 3:10 – 12)

Todos somos pecadores de la cabeza a los pies; totalmente
corruptos. Ahora bien, eso no significa que hemos cometido
todo tipo de atrocidad conocida por la humanidad. No somos
todo lo *malo* que podríamos ser, pero sí somos tan *malos* como
podemos serlo. El pecado tiñe todos nuestros pensamientos,
motivos, palabras y acciones.

Mire alrededor. Todo lo que nos rodea lleva la marca de
nuestra naturaleza de pecado. A pesar de nuestros mejores
esfuerzos para producir un mundo perfecto, las estadísticas de
crímenes continúan creciendo, el índice de divorcio continúa
subiendo y las familias siguen desmoronándose.

Algo ha salido terriblemente mal en nuestra sociedad y
en nosotros mismos, algo letal. Contrario a cómo el mundo
lo presenta, la vida del "yo primero" no equivale a firme
individualidad o libertad; equivale a muerte. Como Pablo dijo
en su carta a los Romanos, "la paga del pecado es muerte"
(Romanos 6:23); nuestra muerte física y emocional debido a la
destrucción que causa el pecado, y nuestra muerte espiritual
que resulta del justo juicio de Dios de nuestros pecados. Esto
nos lleva a nuestra segunda verdad: el carácter de Dios.

El Carácter de Dios: Infinitamente Santo

Cuando observó la condición del mundo y la gente en él,
el sabio Salomón concluyó: "Vanidad de vanidades, todo es
vanidad" (Eclesiastés 1:2; 12:8). El hecho de que nosotros
sabemos que las cosas no son como deberían ser nos señala

un estándar de bondad que está por encima de nosotros mismos. Nuestro sentido de injusticia en la vida "bajo el sol" implica un estándar perfecto de justicia "por encima del sol". Ese estándar y fuente es Dios mismo; y el estándar de santidad de Dios está en contraste impresionante con nuestra condición de pecado.

La Biblia dice que "Dios es luz, y no hay ningunas tinieblas en él" (1 Juan 1:5). Él es absolutamente santo; y eso resulta en un problema para nosotros. Si Él es tan puro, ¿cómo podemos nosotros, que somos tan impuros, relacionarnos con Él?

Tal vez podríamos intentar ser mejores personas, o tratar de inclinar la balanza a nuestro favor con nuestras buenas obras, o buscar sabiduría y conocimiento para mejorarnos nosotros mismos. En toda la historia los seres humanos han intentado vivir a la altura del estándar de Dios guardando los Diez Mandamientos o viviendo según su propio código de ética. Desdichadamente nadie puede ni siquiera acercarse a satisfacer las exigencias de la ley de Dios. Romanos 3:20 dice: "Ya que por las obras de la ley ningún ser humano será justificado delante de él; porque por medio de la ley es el conocimiento del pecado".

Nuestra Necesidad: Un Sustituto

Así que aquí estamos, pecadores por naturaleza, pecadores por decisión propia, intentando salir adelante sin ayuda de nadie y lograr una relación personal con nuestro Creador santo. Pero cada vez que lo intentamos, nos damos con la puerta en las narices. No podemos vivir una vida buena lo suficiente como para que compense nuestros pecados, porque el estándar de Dios no es "algo bueno lo suficiente", sino perfección. Y nosotros no podemos reparar el daño que la ofensa de nuestros pecados ha producido.

¿Quién podría sacarnos de este embrollo?

Si alguien pudiera vivir a la perfección, honrando la ley de Dios, y pudiera llevar por nosotros la pena de muerte del pecado, en lugar nuestro, entonces seríamos salvados de nuestro predicamento. Pero, ¿existe tal persona? ¡Afortunadamente, sí!

Le presento a su sustituto: *Jesucristo.* ¡Él es quien murió en su lugar!

Al [A Jesús] que no conoció pecado, por nosotros [Dios] lo hizo pecado, para que nosotros fuésemos hechos justicia de Dios en él (2 Corintios 5:21).

La Provisión de Dios: Un Salvador

Dios nos rescató enviando a Su Hijo, Jesús, para que muriera en la cruz por nuestros pecados (ver 1 Juan 4:9–10). Jesús era perfectamente humano y perfectamente divino (Juan 1:1, 18), verdad que certifica que Él entiende nuestra debilidad, Su poder para perdonar, y Su capacidad para cerrar la brecha entre Dios y nosotros (ver Romanos 5:6–11). En breve, somos "justificados gratuitamente por su gracia, mediante la redención que es en Cristo Jesús" (Romanos 3:24). Dos palabras en este versículo requieren más explicación: justificación y redención.

Justificación es el acto de la misericordia de Dios, en el que Él declara justos a los pecadores que creen en Jesucristo, mientras que ellos todavía están en su condición de pecado.

Justificación no significa que Dios nos *hace* justos para que nunca más volvamos a pecar, sino que Él nos *declara* justos, de manera similar al juez que perdona a un criminal que es culpable. Puesto que Jesús llevó sobre sí mismo nuestros pecados y sufrió en la cruz nuestro castigo, Dios perdona nuestra deuda y nos proclama PERDONADOS.

Redención es el acto de Dios al pagar el precio de nuestro rescate para liberarnos de la esclavitud al pecado. Esclavizados por Satanás, estábamos atados con las cadenas de hierro del pecado y la muerte. Dios, como un padre amoroso cuyo hijo ha sido raptado, pagó por voluntad propia el rescate por usted. ¡Y qué precio pagó! Él dio a Su Hijo unigénito para que llevara nuestros pecados: pasados, presentes y futuros. La muerte y resurrección de Cristo rompieron nuestras cadenas y nos libertaron para hacernos hijos de Dios (véase Romanos 6:16 – 18, 22; Gálatas 4:4 – 7).

Cómo Poner su Fe en Cristo

Estas cuatro verdades describen cómo Dios ha provisto un camino hacia sí mismo por medio de Cristo Jesús. Puesto que Dios ha pagado el precio por completo, debemos responder a Su dádiva de vida eterna con una fe total y una plena confianza en Él para salvarnos. Debemos entrar en la relación personal que Dios ha preparado para nosotros; y esto no se logra haciendo buenas obras o siendo una buena persona, sino viniendo a Él tal y como somos, arrepintiéndonos de nuestros pecados y recibiendo por fe Su justificación y Su redención.

Porque por gracia sois salvos por medio de la fe; y esto no de vosotros, pues es don de Dios; no por obras, para que nadie se gloríe (Efesios 2:8–9).

Recibimos la dádiva de salvación de Dios sencillamente poniendo nuestra fe sólo en Cristo para el perdón de nuestros pecados. ¿Le gustaría empezar a tener una relación personal con su Creador confiando en Cristo como su Salvador? Si es así, aquí tiene una oración sencilla que usted puede usar para expresar su fe:

> *Querido Dios:*
>
> *Yo sé que mi pecado ha puesto una barrera entre Tú y yo. Gracias por haber enviado a tu Hijo, Jesús, para morir en mi lugar. Confío solamente en Jesús para el perdón de mis pecados, y recibo Su dádiva de vida eterna. Le pido a Jesús que sea mi Salvador personal y el Señor de mi vida. Gracias. Te lo pido en el nombre de Jesús, amén.*

Si ha elevado esta oración o una similar y quiere saber más acerca de cómo conocer a Dios y del plan de Dios para usted que describe la Biblia, póngase en contacto con nosotros, en Visión Para Vivir. Escríbanos, utilizando la información que aparece en la página 129.

Recuerde que Aquel que la creó tiene un plan perfecto para su vida, y también recuérdese a usted misma que usted le conoce a Él personalmente. ¡Regocíjese en su don inefable!

Notas de Referencia

Capítulo 1

1. F.B. Meyer, *Pablo, Siervo de Jesucristo* (Barcelona, España, Libros CLIE 1989), 127–128.

2. John Eldredge, *Salvaje de Corazón* (Nashville: Grupo Nelson, 2003), 220. Corchete añadido.

3. Eldredge, *Salvaje de Corazón*, 221.

Capítulo 2

1. Maurice E. Wagner, *La Sensación de Ser Alguien* (Miami, FL: Editorial Caribe, 1977), 14.

2. Wagner, *La Sensación de Ser Alguien*, 271.

3. Wagner, *La Sensación de Ser Alguien*, 271–274.

Capítulo 3

1. James Dobson, *Lo Que Las Esposas Desean Que Los Maridos Sepan Sobre Las Mujeres* (Miami, FL: Editorial Unilit, 1999), 21–22.

2. Maurice E. Wagner, *La Sensación de Ser Alguien* (Miami, FL: Editorial Caribe, 1977), 202–203.

3. Robert C. Roberts, *Taking the Word to Heart: Self and Other in an Age of Therapies* (Grand Rapids: Eerdmans, 1993), 23.

4. Wagner, *La Sensación de Ser Alguien*, 209.

5. Donald P. Regier, "A Chosen Child: The Mystery of Adoption" ("Un Hijo Escogido: El Misterio de la Adopción"), *Kindred Spirit* (Verano 1997), 6.

6. Dobson, *Lo Que Las Esposas Desean Que Los Maridos Sepan Sobre Las Mujeres,* 35–36.

Capítulo 6

1. W. E. Vine, *Diccionario Expositivo de Palabras del Antiguo y Nuevo Testamento,* (Nashville, TN: Grupo Nelson, 2007), 3309.

2. Peter Marshall, citado en Catherine Marshall, ed., *The Prayers of Peter Marshall* (Nueva York: McGraw-Hill, 1954), 36.

Capítulo 7

1. Judith Viorst, "Fifteen, Maybe Sixteen, Things to Worry About" ("Quince, Tal vez Dieciséis, Cosas por las cuales Preocuparse"), en *If I Were in Charge of the World and Other Worries* (New York: Atheneum Books, 1981), 7.

2. Jean-Jacques Rousseau, *The Social Contract,* trad. al inglés, Maurice Cranston (Nueva York: Penguin Books, 1968), 49.

3. W. E. Vine, *Diccionario Expositivo de Palabras del Antiguo y Nuevo Testamento* (Nashville, TN: Grupo Nelson, 2007), 517.

4. Paul Tillich, *The Courage to Be* (New Haven, Conn.: Yale University Press, 1966), 35.

5. Alfred E. Tuggy, *Léxico Griego-Español del Nuevo Testamento,* (El Paso, TX: Editorial Mundo Hispano, 2003), 6.

6. Francois Fenelon, según lo cita Charles R. Swindoll, *Strengthening Your Grip: Essentials in an Aimless World* (Dallas: Word, 1982), 157–58.

Estamos Para Servirle

Hemos preparado este material de *Descubra su valor como mujer* para ayudarle en una jornada de cambio adecuado y duradero. A medida que vaya leyéndo, tal vez necesite profundizar más en algunas nociones, recibir una palabra de aliento, o sencillamente orar junto a otra compañera de jornada. El ministerio de Visión Para Vivir puede proveerle de ayuda mediante correspondencia, las redes sociales y otros recursos. Nuestro equipo pastoral tiene años de experiencia y está capacitado para ayudarle en su jornada espiritual.

Siéntase en libertad de contactarnos en las oficinas de nuestro ministerio.

—Visión Para Vivir—

Visión Para Vivir es el ministerio de exposición bíblica de los pastores **Charles R. Swindoll y Carlos A. Zazueta**.

El ministerio está comprometido a la excelencia en la comunicación y la aplicación de la **verdad bíblica,** teniendo el fascinante reto de transmitir una enseñanza bíblica, sólida, práctica y culturalmente relevante.

El **programa radial** de Visión Para Vivir se transmite a través de centenares de **emisoras** y es escuchado por millones de personas en Latinoamérica, el Caribe y algunas ciudades de Norteamérica y Europa.

Para comunicarse con el ministerio, por favor escriba o llame a:

Visión Para Vivir	**Visión Para Vivir Guatemala**
Post Office Box 1817	Gran Centro Comercial, Zona 4, 6 Avenida 0-60,
Frisco, TX 75034	Torre Profesional II, Piso 5, Oficina 511,
1(800) 898-4847	Guatemala, Guatemala
1(972) 473-5133	(502) 2338-0027

visionparavivir.org

WORTHY®
Latino

Si le gustó este libro,
¿consideraría compartir el mensaje con otros?

- Mencione el libro en un post en Facebook, un update en Twitter, un pin en Pinterest, o una entrada en un blog.

- Recomiende este libro a quienes están en su grupo pequeño, club de lectura, lugar de trabajo y clases.

- Visite Facebook.com/WorthyPublishingLatino, dé "ME GUSTA" a la página, y escriba un comentario sobre lo que más le gustó.

- Escriba un Tweet en @WorthyPubLatino sobre el libro.

- Entregue un ejemplar a alguien que conozca y que sería retado y alentado por este mensaje.

- Escriba una reseña en amazon.com, bn.com, goodreads.com o cbd.com.

**Puede suscribirse al boletín de noticias de Worthy Latino
en WorthyLatino.com**

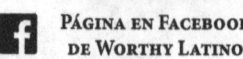 **PÁGINA EN FACEBOOK
DE WORTHY LATINO**

**SITIO WEB DE
WORTHY LATINO**

12 301

J

www.ingramcontent.com/pod-product-compliance
Lightning Source LLC
Chambersburg PA
CBHW011709131225
36668CB00006B/96